夢をかなえたピアノ講師
ゼロからの180日

物語で学ぶ　指導者としてどう生きるか

藤 拓弘 著

夢をかなえたピアノ講師　ゼロからの１８０日

～物語で学ぶ　指導者としてどう生きるか

もくじ

第三章　AFFETTUOSO

第四章
APPASSIONATO

第一章

LAMENTOSO

そして最後の生徒がいなくなった

「すみませんが、今日でピアノを辞めさせますので」

突然のひと言だった。レッスンを終え、じゃ来週ね、と言おうとしたタイミングだった。一瞬では理解できず、男は浮かべた作り笑いもそのままに立ちすくむしかなかった。聞き間違いであってほしいという願いは、母親の真剣な表情で見事に打ち砕かれた。

もっとも起こってほしくなかったことが、今、目の前で現実になっている。母親に半ば強引に手を引かれ、女の子は去って行った。顔だけこちらへ向けたその子の目に表情はなかった。あるとしたら哀れみだろうか。視界からいなくなってしばらくしても、その目の残像は消えなかった。教室にたったひとり残っていた、最後の生徒――。

どのくらい立ち尽くしていただろう。男はふらふらとレッスン室に戻り、ピアノ椅子にドカッと倒れ込んだ。悔しさと疑問、怒り、後悔……あらゆる感情が渦巻いては心をかきむしる。生徒が全員辞めていった。それは、ピアノを教える者としての価値がゼロになったことを意味する。この現実をいまだ受け止められず、再び放心状態となった。

ようやく顔を上げると、ピアノの譜面台に何かがあるのに気づいた。さっきの女の子の楽譜だ。置き忘れたのか、わざと置いていったのか……やり場のない憤りにも似た感情が襲う。

「俺の何がいけないんだ！」

楽譜を床に投げつけようとして、思い留まった。噛み締めた奥歯をゆるめ、ゆっくりと楽譜を譜面台に戻す。楽譜に八つ当たりしている場合じゃないな……心でつぶやきながら、力なく笑うしかなかった。

＊　＊　＊

男の名は三上雅人（みかみ まさと）、29歳。業界では圧倒的少数派となる男性ピアノ講師だ。東京都心にある帝国音楽大学のピアノ科を卒業後、イタリアのミラノに2年ほど音楽留学し、5年前に帰国。当時は将来への見えない不安を感じながらも、なんとか音楽で生きていこうと思っていた。しかし、現実は予想を超える厳しさだった。とにかく仕事がなかった。母校に張り出されている求人情報を頼りに、音楽教室から大学の非常勤講師まで片っ端から応募してみた。結果は惨敗。書類審査ですべてはねられた。

音大も卒業した、留学も経験している。だからどこかの講師くらいすぐになれるだろう。その考えは甘すぎた。なんの資格もない、音楽教育の現場も知らない、そんな人間を迎え入れてくれるところはどこにもなかった。

メインの仕事に、と願っていたピアニストの活動もパッとしない。ときおり昔なじみから声がかかるジョイントコンサート、歌や楽器の伴奏は、充実感の得られる仕事だ。ただ、雅人が求めていたのは、充実感というより「人から必要とされている実感」だった。雅人のピアノを聴きたい、ぜひ演奏してほしい、そんな人がいることを肌で感じることだ。だが、それが薄い。あまりに薄い。帰国直後に開いたリサイタルでは、お祝いや応援もあってそれなりに席は埋まったが、その後のコンサートでは、なかなか人が集まらなかった。知り合いや友達にチケットを買ってくれと頼み込んでいる自分が情けなかった。

「これじゃただの押し売りじゃないか！」

自分のピアノはまったく求められていない。そもそも俺なんて世の中から必要とされていないんだ……音楽を続ける意味を見失いそうになって頭を振る。そんな雅人をかろうじて支えていたのは、幼い頃からひたすらピアノと向き合ってきた事実だけだった。


出口のない迷路をさまよい歩くような不安感の中、意を決して自宅でピアノ教室を始めたのが2年ほど前。はっきり言えば、お金のためだった。軌道に乗れば、嫌々続けているアルバイトも辞められるかもしれない。ただ、雅人はピアノを教えることを極力避けてきた。子どもが苦手だったのだ。ピアノの先生としては、まさに致命的。だから「レッスン」は、出したくなかった最後のカードだった――。

雅人は音楽大学に合格して、岩手の田舎町から東京に出てきた。入り組んだ路地の奥にある古びてくすんだ2階建ての狭小住宅で、ひとり暮らしを始めた。私立の音大となれば何かとお金がかかるだろうと、東京の親戚が空き家を破格の家賃で貸してくれたのだ。音大を卒業して留学が決まったときも、ピアノや荷物をそのままにしておいてくれた。これは本当に助かった。帰国直後は、当然無職。ただでさえ家賃の高い東京で、ピアノが弾ける部屋など借りられるわけがない。しかも都心という立地。これ以上ない幸運だ。

とはいえ、親が若い頃に建てられた家屋。老朽化が至るところで目立つ。軋んで開きにくい玄関ドア、一部が割れて役目を果たさない雨どい、ヒビが目立つ外壁……おそらく誰もここがピアノ教室だとは思わないだろう。初めて来る生徒だったら、ドアを開けるのすら躊躇するかもしれないな……ため息をつくも、背に腹はかえられない。贅沢を言える身分じゃない。無理やり自分に言い聞かせ、準備に取り掛かった。


見よう見まねで作ったチラシ。ほどなく子どもが3人集まった。ようやく運が巡ってきたのか。気を良くした雅人は、簡易的なホームページも作ってみた。近隣の教室がほとんどホームページを持っていないのが幸いしたのか、問い合わせが相次いだ。あっという間に10人の生徒を抱えた雅人は、この順調な滑り出しを喜んだ。

しかし、喜びは束の間だった。生徒は集まったが長続きしないのだ。何かと理由をつけて辞めていく。他の習い事や塾に通い始めたとか、部活が忙しいからとか、大人は仕事の都合が多かった。だが、雅人はこの現実をさほど気にしなかった。彼のモットーは、去る者追わず。「辞めたいならどうぞ、どうせ生徒はまた集まるさ」と高飛車だった。

だが、半年も経つと入会の問い合わせがパタッとなくなり、一年経つころには辞める生徒が目に見えて増え始めた。これにはさすがの雅人も青ざめた。心に余裕がなくなると、生徒や保護者への対応にも影響が出始める。いつもイライラしていた。

一番の問題は、生徒が辞める本当の理由がよくわからないことだ。忙しくても、続けたければなんとかするはずだ。真因がわからなければ手の打ちようがない。そうこうするうちに、ついに生徒が最後のひとりになった。もうすぐ詰まれる将棋のような焦りを感じていたが、無情にも最後通告の瞬間はあっさりやって来た。「すみませんが、今日でピアノを辞めさせますので」

――やはり自分は世の中から必要とされていないんだ。

雅人は帰国してからこれまで、生活費をまかなうためにアルバイトを続けていた。カフェのウェイターや倉庫での商品検品などを経て、今はファミリーレストランのキッチンスタッフに落ち着いている。キッチンスタッフとは名ばかりで、実は料理が苦手でもできる仕事。何より接客をしなくていいのが気に入っている。アルバイトをしていることを周囲に知られたくなかったのだ。惨めだった。ピアノを弾く時間も体力も否応なく奪われていく。まとわりつく葛藤は、アルバイトを続ける限りなくならないだろう。

＊　＊　＊

その日も長時間の勤務だった。家に着いて疲れ果てた体で郵便受けを覗くと、一通の手紙が入っているのが見えた。部屋に入り、封を開けてみる。音大時代の恩師の退官記念パーティーの案内だった。

〈西園寺〈さいおんじ〉先生も退官か……〉

妥協を許さないレッスンだったが、愛情深く生徒想いの先生だった。不出来な学生だった雅人にも、とてもよくしてくれた。この実力で留学できたのは、ほとんど西園寺先生のおかげだったと言っていい。それなのにすっかり音沙汰なくしていた自分を雅人は恥じた。

〈本音を言えば、こんな不甲斐ない状態で先生に会うのは気が引ける。いろんな人に近況を尋ねられれば情けなくなるに違いない。……いや、それでも、これは絶対に行くべきだ。先生にはあらためてお礼を言いたいし、いろいろ相談もできたら……〉

雅人は、返信はがきの「出席」の欄にていねいにマルを書いた。

この一通の手紙が雅人の人生を大きく変えるきっかけになるとは、このときは知る由もなかった——。

恩師の退官記念パーティー

雅人はＪＲの駅を降りて駅前の喧騒から逃れるように、街路樹が並ぶ静かな道へと曲がった。着慣れないスーツに身を包んだ雅人は、初夏とは思えない暑さに耐えきれず、歩きながら上着を脱ぐ。この道の先に、西園寺先生の退官記念パーティーの会場がある。威厳のある佇まいの老舗ホテル。大学の謝恩会もこのホテルだった——。

卒業を迎えた頃の雅人は、未来への希望に溢れていた。憧れの街ミラノへの留学。石畳の上を歩いて音楽院に通う自分を想像してはワクワクしていた。自分には輝かしい未来が待っている。そう信じて疑わなかった。

イタリアから帰国して5年。残念ながら思い描いていた未来は、今ここにない。留学は有意義だったし、やる気満々で帰国した。だが、現実はあまりに残酷だ。まさかあの頃と同じ道を、こんな気持ちで歩くことになるとは……。

「三上センパイ！」

突然後ろから声をかけられ、驚いて振り向く。一学年下の同門の後輩、高梨俊介（たかなししゅんすけ）が立っていた。長身でひょろっとした印象は昔のまま。ジーパン姿しか見たことがなかったから、今日のスーツ姿が新鮮に映る。こじゃれた紫のチーフに目がいった。

「おー高梨かよ、久しぶり！　元気にしてたか？」

「はい、そりゃもう、バリバリですよ！　センパイも元気そうですね」

ガシッと交わした握手に、雅人は自分にはない覇気を感じてしまう。自信喪失のあまり、神経が過敏になっているのかもしれない。

会場までの道のりは、互いの近況報告会となった。この若さで高梨は、音楽家として順調にキャリアを積んでいるようだ。演奏活動はもちろん、ピアノ伴奏の仕事も引く手あまた。さらに映画やCM、舞台への楽曲提供と、幅広く仕事をしているという。

もともと作曲やアレンジが得意で、初見もお手の物。大学時代、交響曲のスコアを見ながらピアノでさらっと弾いてしまう後輩の才能に、雅人は嫉妬せずにはいられなかった。豊かな才能がありながら、腰は低い。相手の波長に合わせるのがうまく、誰とでも仲よくなれる。コミュニケーション能力の高さも高梨の魅力だ。きっと、どの現場でも慕われているに違いない。

「センパイのほうはどうですか？」

「ま、まあ……。演奏とかでなんとかやってるよ」

声が上ずる。余裕のなさを露呈していないか心配になった。生活費を稼ぐためにアルバイトをしているなんて、口が裂けても言えない。相手は後輩だ。カッコ悪いところは見せたくない。

「あとは家でピアノを教えたりかな……」

「えっ！　教えるって、センパイがですか⁉　もしかして小さい子も教えてるとか……？」

「……そうだけど、なんでそんなに驚くんだよ」

「だって音大のとき、子どもだけは嫌だなって言ってたじゃないですか」

「そ、そうだっけ。まぁ、その、ミラノで教育の重要性を実感したってのもあるかな……」

失業者の分際で何を偉そうなことを……と心の中で自分に突っ込みを入れる。

「あれだけ子ども嫌いだったセンパイがねぇ……」

雅人の脇にじわっと嫌な汗がにじむ。

＊　＊　＊

退官記念パーティーは、盛大そのものだった。これだけの教え子が全国各地から集まったのは、西園寺先生のご人徳ゆえだろう。先生の演奏家仲間や門下生のほかに、各界の著名人や政治家、テレビで見る芸能人の顔も見えた。西園寺先生の人脈の広さを感じる。

舞台には挨拶に立つ西園寺先生の姿があった。学生時代が蘇る。先生のレッスンはまさに理想だった。あんな指導ができたら、と思ったことは数えきれない。ただ、今の自分じゃ到底無理だ。あぁ、どうして俺は……再び自暴自棄になりそうな雅人を救ったのは、西園寺先生のスピーチに感動したのか、隣で号泣する高梨の姿だった。……本当にいいやつだ。

盛大な拍手とともに西園寺先生のスピーチが終わった。乾杯の音頭を合図に歓談タイムに入る。会場は一気に和やかな雰囲気に包まれた。立食形式のビュッフェ。会場を囲む白いテーブルクロスの上には、豪華な料理が並ぶ。ふだん、コンビニ弁当やチェーン店の牛丼ばかりの雅人の目は、会場に入った瞬間から料理にくぎ付けだった。

久しぶりに会った同級生と連れ立って、雅人はここぞとばかりにお皿に料理を盛りつける。懐かしい顔を見つける度、歓声があがる。みんなそれぞれの道を歩んでいるんだ……。同じ時代を生きた戦友として、雅人はなんだか嬉しくなった。

まだお腹に何か入れたいなと思った雅人は、ひとり歓談の輪を離れた。目指すはリピートすると決めていたローストビーフのコーナー。会場はだいぶお酒も進んで、声のボリュームがますます上がってきている。

人の輪をいくつか通り過ぎたそのときだ。目の前の華やいだ空気に思わず足を止める。ひとりの男の姿が目に入る。背中から発するオーラ。体格の良さだけでは説明できない何かを感じる。男を取り囲む人たちの笑顔が違う。誰もがその男との時間を心から楽しんでいるように見えた。

「いったい誰なんだ……」

男の顔をよく見ようとしたそのとき――。

特別なオーラを放つ男

「彼のことが気になるかね？」

いきなり肩に手を置かれ、雅人はギクッとした。身を硬くしたまま振り向くと、今日の主役、西園寺先生の柔和な笑顔があった。先生は大柄ではないが、見るからにいい音を出しそうな恰幅の良さだ。後ろに流している豊かな白髪と、控えめなワインレッドのタキシードが品の良さを醸し出している。丸メガネの奥にある下がり気味の目尻と、髪と同じ色の口ひげが、チャーミングな印象を与える。

「西園寺先生！　この度は本当におめでとうございます！」

「ありがとう。三上君も忙しいところ来てくれて嬉しいよ」

「すっかりご無沙汰をしてしまい、申し訳ありません」

「ミラノから帰国して……」

「5年です」

「もうそんなになるか。最近はどうだい？」

一瞬言葉に詰まったが、今日の主役を独り占めできるわけもなく、当たり障りのない近況報告ですませてしまった。本当は仕事の悩みも話したかったが、華やかな場と不甲斐ない自分があまりに不釣り合いでやめた。他の門下生が会話の隙を狙ってチラチラこちらを見ている。先生の斜め後ろに順番待ちの列もでき始めた。先生はそれに気づくと、「じゃ三上君、頑張ってね」と握手の手を伸ばす。

＊　＊　＊

アルコールのせいか、あるいは人の熱気のせいなのか、雅人は軽い疲労感に襲われ、ひとりロビーへと向かった。会場の喧騒がドアの向こうに消えると、将来への不安が否応なしに押し寄せてきた。西園寺先生の年齢に達したとき、いったい自分はどうしているだろう……。

そのときだった。後方から会話する2人の男の声が耳に入ってきた。

「何せ、一度どん底を味わったからな、俺は」

「ショックだったよ。佐伯はクラシック業界から干された、そんな噂が一気に広まって、そのまま音信不通だもんな。門下の期待の星だったからね、お前は」

「若気の至りとはいえ、西園寺先生の顔をまる潰しにした……ほんと、弟子として最低だよ。それなのに、こんな自分を先生は許してくださった……」

「とにかく、よくあの状況から這い上がってきたと思うよ。今じゃ、立派な会社経営者だもんな。俺が自主企画公演を実現できたのも、佐伯の援助のおかげ。干された業界に、今や貢献をしている。やっぱりお前はただ者じゃなかったね」

「いやいや、まだまだこれからだよ」


（どん底から這い上がった⁉）

聞き耳を立てていた雅人は、ドアに向かう風体でさり気なく振り向き男たちを見た。こちらを向いて立っていたのは、なんとあのオーラの男だった。もっと会話を聞いていたかったが、立ち止まるわけにもいかず、雅人は再び会場へと戻っていった。

「幸せな人生を送る秘訣を教えてください！」

パーティーが終わりにさしかかる頃、雅人は西園寺先生が手招きしているのに気づいた。先生の隣には、どん底から這い上がったという、あのオーラの男が立っていた。

「紹介しよう。佐伯宗一郎君だ。こちらは三上雅人君」

「はじめまして、佐伯です。私も西園寺門下です」

慣れた握手の感じから、海外暮らしの経験があるのではと推察した。肩幅の広い黒のタキシードは、がっしりした体格に合わせたオーダーメイドだろう。近くで見ると、彫りの深さが際立つ。推察するに40代後半だろうか。精悍な顔立ちは、イタリア留学時代に見た英雄の彫刻を想起させた。

「佐伯君はね、複数の飲食店を切り盛りする経営者なんだ。結構なやり手でね」

西園寺先生の紹介によると、佐伯は20代で世界的なコンクールに入賞し、ピアニストとして華々しくスタートをきった。恵まれたルックスもあって、当時はメディアでもよく取り上げられていたそうだ。だが、ある日突然の演奏活動休止宣言。このことは業界でもかなり話題になったらしい。

「生意気でしたよね。自分が弾きたいものを弾かせろ、自分はアイドルじゃない、アーティストだ。新米のくせに気に入らない仕事は断る。私の代わりならいくらでもいるというのに……。愛想をつかされて当然ですよ。人間的に未熟で、西園寺先生にも多大なご迷惑をおかけしました……余計なプライドが多くの人を傷つけることになって……本当に申し訳なく思っています」

ピアニスト休止宣言のあと、すっかりなりを潜めていた佐伯。だが、何年か後に西園寺先生は、佐伯から突如、会社設立の知らせを受け取ることになる。

「ピアニストから一転、経営者になっていたとは驚いたよ」

「グランドピアノのあるレストラン、グランドピアノのあるカフェ、それにバー。結局、どこかで音楽とつながっていたい気持ちが強くて、飲食店にもかかわらず、どの店も楽器と音響には相当こだわりました。先生の音楽への尽きることのない愛を、ずっと間近で見てきましたから……。挫折から立ち直ることができたのは、見捨てずに支えてくださった先生のおかげです」

「そう言ってもらえると嬉しいよ。そうそう、数年前から君の会社が始めたっていう社会貢献活動。若手音楽家の支援とか……音楽イベントへの協賛。あれ、業界で話題だよ。うちの門下生もお世話になっているようだね」

「何かの形でご恩返しができないか、起業したころからずっと考えていたんですよ。少しでもお役立ていただいているなら、本業のほうの励みにもなります」

雅人はあることを思い出した。

「あの……もしかして池袋の、グランドピアノがある『カフェSAEKI』って、佐伯さんのお店ですか?」

「ご存じなんですか。そう、あそこが初めて手掛けた第一号店なんですよ」

「友達に伴奏を頼まれたときの会場が『カフェSAEKI』だったんです。ホント、響きも素晴らしいし、雰囲気もいいし、食べ物も美味しかったです」

「気に入っていただけたようで光栄です」

「お父様が飲食店を経営していらっしゃるとか……?」

「いえ、まったくの素人が未知の世界に乗り込みました」

「それはすごいですね!」

「さすがに猛勉強しましたよ。いくつかの繁盛店でアルバイトをして経験を積んで、人脈を広げつつ、ビジネスや経営、それから人間学も学びましたね」

西園寺先生は目を細めながら雅人のほうへ視線を移すと、少し大げさな口調で言った。

「若手音楽家の支援といっても、佐伯君の場合は金銭面だけじゃない。自分の経験をもとに、音楽家として大切なこととか、幸せで豊かな人生を送る秘訣まで教えているらしいよ。おかげで、佐伯君の指導を受けた演奏家の卵たちは、業界でとても評判がいいんだ」

そこへ、女性のホールスタッフがそっとやって来て、西園寺先生に耳打ちをした。会の終わりが近いのだろう。西園寺先生は、佐伯に向かって意味ありげに目配せし、何もなかったかの

ように２人を交互に見て、

「ではご両人、ぜひ最後まで楽しんでいってくれたまえ。今日は本当にありがとう」

と言いながら片手を挙げて踵を返すと、控え室のほうへと向かっていった。残された２人。

佐伯は腕時計を見て、申し訳なさそうに言った。

「すみません、三上さん。会の途中なんですが、私はこれから用があるので失礼させていただきますね」

雅人に別れの握手を求めてきた。少し躊躇しながら差し出された右手を握る。その瞬間――。

雅人は足から頭へ向けて突き抜ける稲妻のような衝撃を感じた。駆り立てられるように両手で佐伯の手を強く握りしめ、抑え切れずに言った。

「わ、私は、今、どん底を味わっています。私にも幸せな人生を送る秘訣を教えてください！」

口走った直後、雅人の胸に襲ってきたのは失態への後悔だった。

（しまった……何やってんだ俺は。初めて会った人にこんなバカげたことを言うなんて……）

佐伯は一瞬ポカンとした後、（そういう……ことか）と小さく笑った。そして、佐伯から目をそらしたまま、この場をなんとか取り繕おうと焦りまくる雅人に、落ち着いた口調で、こう言った。

「わかりました。では来週の水曜日の朝9時に会いましょう。すべてはそこからです」

佐伯は雅人の手をさらにしっかりと握り、そして柔らかく離した。

言い渡された条件

雅人は、緊張の面持ちで水をひと口飲んだ。飲み口が薄い、唇の当たりが繊細なグラス。テーブルに置く手が微かに震えている。水滴でグラスの表面に指の形が残った。

新宿駅からほど近い高層ホテルの32階にあるラウンジ。雅人は待ち合わせをしていた。西園寺先生の退官記念パーティーで出会った、あのどん底から這い上がったという男だ。

待ち合わせに指定してきたのは、ふだん昼近くまで寝ている雅人にとっては、朝早い時間帯。起きられるかどうか心配で、昨夜は何度も目を覚ました。時計を見ると午前6時。完全に目が冴えてしまい、これ以上眠るのをあきらめた。おかげで待ち合わせ場所には、かなり余裕を持って到着できた。遅刻が日常茶飯事、間に合っても時間ギリギリの雅人にとって、これは異例の出来事だった。

心を落ち着けるために、窓の外を見る。遠くの空に飛行船が浮かんでいた。動いているのか

止まっているのか……ぼーっと見つめていたそのとき、

「三上さん、お待たせしました」

雅人は慌てて立とうとして、テーブルに膝を打ちつけてしまった。よく通る声の主は、もちろんあの男、佐伯宗一郎（さえき そういちろう）だ。膝をさする雅人を微笑みながら気遣う。金色の腕時計を一瞥して言った。

「待ち合わせの時間よりずっと前ですね、素晴らしい。あらためまして、佐伯宗一郎です」

彼はさっと右手を出すと、がっしりと握手を交わした。その手から伝わってくるのは、できる男の「自信」だった。

「三上雅人です。今日は、お、お時間をいただき、ありがとうございます」

「こちらこそ。またお会いできて嬉しいです」

佐伯に座るように促され、雅人は機械仕掛けの人形みたいにギクシャクした動きでソファに腰かけた。今、目の前に佐伯がいる。雅人は完全に気後れしていた。自分から願い出ておきながら、あの勢いはどこへいったのか。佐伯は慣れた感じでウェイターに注文をすると、単刀直入に切り出した。

「さっそくですが、三上さんは私に何をお聞きになりたいのですか？」

佐伯は軽く手を組み、真剣な眼差しで雅人を見つめて言った。

「はい、あの、そうですね……」

上ずる声をなんとかしようと、雅人は小さく深呼吸をした。前もって考えてきたことを伝えるタイミングだ。

「退官記念パーティーでの西園寺先生のお話、それから佐伯さんのこれまでのことをお聞きして、私は大切なことを思い出したんです。自分が音楽に助けられて生きてきたこと、ピアノを通して多くのことを学んできたこと……つまり、音楽、ピアノの素晴らしさです。故郷の恩師や西園寺先生、留学時代の先生が教えてくださったことの奥深さは計り知れません。その教えを自分だけのものにするべきではない。ピアノの素晴らしさを含めて、これからたくさんの人に教え、伝えていきたい！　そう心から思ったんです」

静かに頷くと、佐伯は確認した。

「これからピアノ指導者として生きていく、ということですね？」

「そうです……ただ、私は、立ち上げたピアノ教室を2年ほどで潰しました。その原因がわからず、苦しんでいます」

雅人は、教室を開いたがすべての生徒が辞めてしまったこと、もう一度ピアノ講師として一からやり直したいと思っていることを伝えた。佐伯は黙って雅人の話を聴いていた。話が終わると、ウェイターが持ってきたアイスカフェオレをひと口飲んで、おもむろに口を開いた。

「三上さん、ひとつ質問させてください」

「あっ、はい、なんでしょう？」

「あなたにとって、ピアノ講師としての成功とはなんですか?」

そんなこと考えたこともない。雅人は戸惑った。どう答えれば正解なのか。佐伯はどんな答えを期待しているのか……考えはまとまらず、結局、正直な思いを恐る恐る伝えた。

「……生徒がたくさんいることでしょうか」

「なるほど、それがあなたの成功の定義ですね?」

「ええ、まぁ、生徒が多ければ収入が増えて生活が安定しますから、もうアルバイトに頼らずにすみますし……ピアノ指導者として生計を立てることができれば、とりあえず、プロとして認められたって実感できそうな気が……」

自嘲気味に笑いながら話す雅人の目を、佐伯はじっと見つめながら聴いていた。

「三上さん、残念ですが、このままではあなたはピアノ講師として成功できないでしょう」

佐伯の口から出た想定外の言葉に、雅人の顔が一瞬でこわばった。あまりの衝撃でワナワナと唇が震える。

「……ど、どうしてですか!?」

やっとの思いで言葉を押し出した。

「その答えと、あなたが失敗した理由は大きく関係します。それがわかれば、あなたがピアノ講師として成功する確率はぐんと高まるでしょう」

「……さ、佐伯さん、ぜひ、教えてもらえませんか？　その答えを……」

佐伯は思案するように、ゆっくりともう一度、アイスカフェオレを飲む。

「いいでしょう。ただし条件があります。それをクリアできたら、あなたにピアノ講師として成功する方法をお教えしましょう」

「条件……というのは……？」

「今日から1カ月以内に著名なピアノ指導者5人に会ってきてください。その5人から、『レッスンで大切にしていることとその理由』を聴き出してくる。これが条件です」

「1カ月で5人……」

雅人はすでに心の中でぼやいていた。コネもない自分にクリアなどできるわけがない。そんな心の内を読んだのか、佐伯は雅人の目をまっすぐ見つめ、きっぱり言った。

「私はあなたが本当に自分を変えたいと思っているのか確かめたいんです。少しでも生半可な気持ちがあるなら、あなたは何も変わらない。教える意味がないんです。三上さんは西園寺門下の後輩ですし、もし本気だとわかったら、私は無償であなたに講義しましょう。私の会社が取り組む若手音楽家への支援の一環としてね」

「……」

「チャレンジしますか?」

生活費にも事欠く雅人にとって、無償は涙が出るほど有り難い。ただ、30を目前にした男が、レッスンの真髄を乞うために頭を下げて歩く……そもそも見も知らぬ人間に、著名な先生方が会ってくれるのだろうか……人一倍プライドの高い雅人の胸をよぎったのは、その1カ月が今まで以上に屈辱的な日々になるのではないか、という嫌な予感だった。下唇を噛んで打ち震える動揺と闘いながら、しばし押し黙っていた。が、意を決して佐伯に告げた。

「……やってみます。正直、自信はありませんが、とにかく全力を尽くします」

雅人の決意は早くも揺らいでいたが、それを佐伯に悟られないように大きく首を縦に振った。

「いいでしょう。では課題を達成できたら、私に連絡してください。タイムリミットは1カ月後の今日ですよ。健闘を祈っています」

＊　＊　＊

佐伯と別れた後、雅人はうつむき加減で新宿駅へと歩いていた。意気消沈している惨めな姿を隠す余裕もない。前から歩いて来る人にぶつかりそうになって、弱々しい声で謝った。

「あなたはこのままでは成功できない」

佐伯に言われた言葉が頭の中を支配していた。やはり自分に非があったのだ。目をそむけてきた現実。雅人は突然息苦しさを感じ、人ごみを避けて裏道にふらふらと入っていった。

佐伯は何が問題なのか見抜いたらしい。ではなぜ、その答えを教えてくれないのか？　俺が本気じゃないとでも？　雅人は自分の中に佐伯を憎む気持ちが芽生えたことに大きなショックを受けた。あれほど心動かされたじゃないか。雅人はあまりの惨めさに、ぎりぎりと奥歯を噛み締めた。

時計を見ると、まだ昼前であることに雅人は驚いた。すでに丸１日以上経ったかのような疲労感だ。何から手をつければいいのか……。著名な先生どころか、同業の知り合いすら思いつかない。西園寺門下のコネを使ってはいけないと佐伯に言われたときには、切り札を失った気分だった。再び後悔の念がよぎる。とにかく時間がない。今すぐ何か動かなければ……。

駅の改札を通った雅人は、行先未定のまま山手線に飛び乗った。人の流れにつられるように池袋駅で降りると、足は楽器店に向かっていた。母校の帝国音楽大学にもほど近い、大手楽器メーカーのお店だ。

わずかに曲線を描く階段を上がって書籍コーナーに直行した。「ピアノ指導法」と書かれたコーナーには、たくさんの関連書籍が並んでいる。時代とともに、レッスン法もトレンドも刻一刻と変化しているのだ。しばらくあれこれ棚を物色していると、ふと雑誌コーナーがあることに気づいた。ピアノ指導者のための月刊誌を手に取ってパラパラめくる。レッスンの特集記事、コンサート情報に続いて、全国のセミナー情報が目に留まった。雅人はピンとひらめいた。

「そうか、セミナーか！」

セミナーに登壇するのはおよそ著名な先生だ。セミナーに参加して挨拶をすれば、もしかして話を聞かせてもらえるかもしれない。雅人は月刊誌を閉じると、迷いなくレジに向かった。

第二章

CON SENTIMENTO

こぼれる笑み

スマートフォンの画面は「18時19分」を示している。

雅人は東京駅直結のビルの10階にある和食レストランにいた。夕食時だけに店内は混み始めている。今から10分後には目の前に「あの先生」が現れて、話を聞いている自分がいるはずだ。楽器店で雑誌を手にしてからわずか5日。早くも著名な先生にアプローチできるとは、なんという幸運だろうか。ノートにメモしてきた質問を読み返して予行練習をしてみるが、どれもまぬけな質問のように思えてきた。心臓の鼓動が体全体に響くほど、雅人は緊張していた。

アポイントが取れたのは、大阪在住の宇田川美咲（うだがわ みさき）先生。買ってきた月刊誌の連載を目にしたのがきっかけだ。面白い記事だったので思わずじっくり読んでしまった。数々のコンクールで入賞者を輩出するなど、誰もが認める指導力の高さ。コンクールの審査員もたびたび務めているらしい。生徒一人ひとりをしっかりと見つめ、関西弁でユーモア溢れるレッスンを展開しているようだ。宇田川先生が近々東京で著書をテキストにしたセミナーを行うことがわかり、またとないめぐり合わせを感じて、雅人は受講の申し込みをした。

セミナー受講を前に、雅人は自己紹介も兼ねて宇田川先生に連絡を入れていた。きちんとしたホームページをお持ちで、そこに問い合わせフォームが設けられていたのだ。連載を読んで感銘を受けたこと、新米のピアノ講師であること、セミナーでお会いできるのを楽しみにしていることをていねいに書いて、送信ボタンを押した。

なぜ雅人がこんな柄にもないことをしたのか。それは、佐伯の「アドバイス」を思い出したからだ。

＊　＊　＊

「三上さん、ひとつアドバイスをしましょう。著名な先生は多忙ですし、面識もない人がいきなりアポイントを取るのは簡単ではないでしょうから」

「ぜ、ぜひお願いします」

「著名な人ほど、人を見る目が鋭い。見込みがあるかどうか、付き合うに値するかどうか、一瞬で見極めるんですよ。ただ、そのお眼鏡に適えば、かなり目をかけてくれる。そこで大切なのが、『一目置かれる根回し』です」

「一目置かれる根回し？」

「それが何かは、自分で考えるんですよ。どうすれば、この人になら会ってもいい、会ってみたい、相手をそんな気にさせられるか」

いろいろ考えて雅人が出した答え。それは、可能な限り著書や雑誌、ブログなどの関連記事を読み込んだ上で、「セミナー参加前のご挨拶メール」を送ること。セミナー前にメールをする受講者はそれほどいないはずだ。連載の感想なども添えれば、いい印象を与えられるかもしれない。雅人は何度も読み返し書き直して、ドキドキしながらメールを送信した。

そこから予想外の展開があった。驚愕の早さで宇田川先生から返信があったのだ。セミナーは午前中のため、前日に大阪を出て、その日の夕方に東京入りする。東京駅近辺でご飯でも食べながらお話ししませんか、という内容だった。

雅人がメールを送信して、わずか1時間後には会う約束を取り付けることができていた。

「三上さん……ですか?」

突然名前を呼ばれて驚いた雅人は、あたふたしてノートを落としそうになる。テーブルの向こうに大きめのキャリーバッグが目に入った。持ち手を引っ込めながら笑顔を向けているのは、雑誌で見た写真の人、宇田川美咲先生だ。雅人は慌てて立ち上がった。

「驚かせました?」

「い、いいえ、こちらこそ気づかずにすみませんでした。あの、メールを差し上げた三上です。今日はお忙しいところ、ありがとうございます」

「はじめまして、宇田川です。お目にかかれて嬉しいです。……あ、これね、すごい荷物でしょう? 全部、明日の講座で紹介するレッスングッズなんですよぉ」

語尾を伸ばし気味の関西弁が耳に心地いい。指導歴は25年を超えるとプロフィールにあったが、とても若く見える。後ろに束ねた髪、さわやかなエメラルドグリーンのワンピース姿。真珠のネックレスから放たれる深みのある輝きが、気品を漂わせている。

注文した料理が出てくるまでの間、雅人は軽く自己紹介をした。ピアノを弾いたり教えたりしていること、ピアノ講師として成長したいと思っていること。宇田川先生は共感しながら聴いてくれるので、雅人の緊張はすーっとほぐれていった。西園寺先生とはコンクールの審査で面識があるらしく、共通の話題で盛り上がった。

宇田川先生の口から出る話題は尽きることがない。最近の音大事情、審査をしているコンクールの話、バレエや絵画といった芸術の話から世界経済まで、日常的に幅広くアンテナをめぐらせているのだろう。日々なんとなく生きてきた雅人にとって、社会人はかくあるべき、というお手本にも思えた。西園寺先生の話くらいしかまともに会話できない自分が悲しかった。

「先生、実はお聞きしたいことがあるのですが……」

宇田川先生が食事を終え、箸を置いたのを見て、雅人はいよいよ切り出した。

「もちろん、なんでも聞いてくださいね」

「あの……先生がレッスンで大切にされていることはなんですか?」

「あらあら、いきなり核心部分ですねぇ」

「す、すみません……」

「そうやね、いろいろあるんやけど、ひと言でいうなら……」

宇田川先生は、あごに白い手を添えて思案している。雅人はメモを取る体勢のまま、微動だにせず答えを待った。先生の口から出た答えは、意外なものだった。

「**自分が満たされていること**、やろね」

「えっと……どういうことでしょうか？」

先生の答えがレッスンと結びつかず困惑する。雅人の腑に落ちない表情に気づいた宇田川先生は続ける。

「何十億という人間がいる中で、その子が目の前にやって来たこと、毎週毎週、同じ時間に教室に来てくれること、それってほんまに奇跡やわ。だから、どの子との時間もかけがえのないものよね」

宇田川先生は、焦げ茶色の湯飲みに少し口をつけて、さらに続けた。

「ピアノの先生ってね、**自分の心が満たされて初めて、生徒に喜びを与えられる存在になれる。**私はそう思ってるんよ。素敵な先生って、笑顔がこぼれてるやろ？　でも、本当にこぼれてるのは愛情なんよね。心が感謝と喜びで一杯になってこぼれ落ちたのが、愛情。だから、まずは自分を幸せで満たす。どんなことにも感謝して生きる。それだけで人って幸せになれるんよね」

雅人は、最後の生徒が置いていった譜面台の楽譜を思い出していた。仕事がない。お金もない。教室を始めたが生徒が次々辞めていく。そんな状況で、どうやって自分の心を満たすことができただろう。帰りがけに突然「辞めます」と言われるほど、自分は心の冷たいダメ人間だったというのか……。

「……三上さん？　大丈夫？」

「すみません……いろいろ思い出してしまって……」

雅人は隠していたわけではないと前置きをして、生徒が全員いなくなった落ちこぼれピアノ講師であることを打ち明けた。

「そやったんですか……まぁこの仕事してたら、ほんまいろいろあるよね。生きてたら理不尽なこともあるし、相手を恨みたくなるようなこともあるわ。そやけど、恨んでも嘆いても、現実は変わらへんからね。すべて相手のせいにしてたら成長できへんやろ？　失敗から見えてくるものがきっとあるはずやからね」

宇田川先生は少し間を置いて続ける。

「何より、すべてが学びや！って思えるようになったら、気持ちがラクになって、結局自分が救われるんよね。そうやってひとつずつ乗り越えていくんと違うかな？　私もそうやったから。自分を落ちこぼれなんて決めつけたらあかんよ！　それも生徒たちが私に教えてくれたことのひとつなんやけどね」

宇田川先生にも葛藤した時期があったのだろうか。確かに親のほうはともかく、手を引かれて去っていったあのあどけない生徒にはなんの罪もない。せっかく出会えたのに、自分は音楽の楽しさを伝えられなかったのだから……怒りの気持ちがさざ波のように静かに遠ざかっていった。

「三上さんはこのタイミングで気づけた。それってすごいラッキーやで！　そう思わなね」

宇田川先生はそう言うと、ニコッと笑ってみせた。

「先生、ありがとうございました。とても気持ちがラクになりました。何ごとも心の持ちようなんだなと……閉じていた心を開けていただいた気がします。宇田川先生にお話をうかがえて、本当にラッキーでした」

「それにしても、三上さんは勉強熱心な人やねぇ。こうしていろんな先生方にお話を聴いてらっしゃるの？」

雅人はちょっと迷ったが、佐伯から言い渡された「課題」について正直に話してみた。

「そうなんや。それは大変やねぇ……」

宇田川先生は少し思案すると、ひらめいたような顔で雅人に提案した。

「そうそう、明日のセミナーね、お友達の先生が来てくれるんやけど、雑誌に執筆したり、セミナー講師をしたりしてる先生なのね。良かったら明日、ご紹介しましょうか？」

「ほ、本当ですか！　ありがとうございます。ぜひお願いします！」

雅人は宇田川先生の好意に、素直に甘えることにした。

（そうか紹介か……）

この業界は狭い。紹介を頼っていけば課題の達成は近いかもしれない。雅人は、目の前に道がパッと開けたように感じた。

「じゃ、三上さん、また明日のセミナーで！　お友達の先生には、さっそく連絡を入れておきますね」

「今日は本当にありがとうございました！」

東京駅改札で宇田川先生と別れた雅人は、久しぶりにすがすがしい気分に浸っていた。電車で運よく座れたので、カバンからノートを取り出し読み返してみる。電車の揺れに注意しながら、宇田川先生の教えをまとめるように書き込んだ。

セミナー初参加

宇田川先生のセミナーは、銀座の楽器店で行われる。雅人にとってこれが初めての指導法セミナー参加となる。雅人はセミナーや講座と言われるものが好きではなかった。単なる先入観かもしれないが、どうも他人のノウハウにすがるようで、いいイメージがなかったのだ。

会場に着くと、予想通り、席は女性で埋め尽くされていた。女性ばかりの環境は音大で慣れているとはいえ、さすがに気まずさを感じてしまう。だが、その気持ちをすぐに忘れてしまうほど、宇田川先生のセミナーは素晴らしい内容だった。指導理念を確立する大切さから始まり、周到にレッスンの準備をする重要性、生徒との向き合い方……圧巻は次から次へと繰り出すレッスンアイデアの数々だ。どれも現場で効果のあった実践的ノウハウである点が素晴らしい。

「確かにグッズを使えば、子どもたちは喜びます。レッスンも盛り上がるでしょう。でも、花火のようにパッと楽しんで終わり、では意味がないんですね。レッスンでグッズを活用するときに重要なのは、『その先にある目的』を見失わないこと。何を学ばせたいのか、どんなテクニックを身につけさせたいのか。今やろうとしていることは、未来のどの曲の何につながっていくものなのか。そうした意識を常に持ち続ける。このことを忘れないようにしましょう」

盛大な拍手の中、セミナーは終了した。先生オススメのいくつかのグッズは、早速帰りに素材を買って作ってみたくなるものばかりだった。楽器店が配布したアンケートの記入を終えて顔を上げると、すでに宇田川先生の著書を手にした受講者たちが長蛇の列をつくっていた。サインをもらうだけでなく、先生と一緒に記念写真を撮っている人もいる。人気ピアノ指導者と

いうのはこういう感じなんだ、と雅人がその様子を眺めていたとき、

「あの……三上先生でいらっしゃいますか？」

と声をかけられビクッと首をすくめた。声のほうに目を向けると、小柄な女性が立っている。

少し茶色がかったショートヘアー、キリッとした印象だが、眼鏡の奥の目に優しさが透けて見えた。見覚えがあるような気がして、記憶をたどる……。

「あっ、先生は、もしかして……」

髪型が記憶のそれと違うが、おそらく間違いない。

「……小野上先生ですか？」

「あら。ええ、そうです。ご存じだなんて、光栄ですわ」

この間買った雑誌に登場していた、小野上良子（おのがみ よしこ）先生が目の前にいる。

導入期のレッスンの記事に載っていた大きな写真が印象に残っていたのだ。

「驚かせてしまったかしら、ごめんなさいね」

「あ、いえ、ちょっと、ぼーっとしてたものですから……」

小野上先生は、サインの列のほうを見ながら、

「宇田川先生からお話を聞きましてね、会いたがっている男の先生がいるって。男性はあなたおひとりだったのでお声をかけたんですよ」

「そ、そうでしたか。ありがとうございます」

雅人はようやく合点がいった。昨日、宇田川先生が紹介すると言っていたのが、目の前にいる小野上先生だったのだ。著書はないものの、ある海外のメソッドを日本で広める研究会の中心的存在で、全国各地を講座で飛び回っている。ついこの間、雑誌の記事を読みながら、「この先生に会えたらいいな……」と思っていたが、まさかこれほど早く実現するとは……。

小野上先生は雅人の予定を確認した上で、近くにカフェがあるので、と誘ってくれた。セミナー会場を出る際、サインに応じる宇田川先生のほうを見て会釈すると、こちらに片手を挙げてウィンクしてくれた。

生徒にいいも悪いもない

楽器店を後にして小野上先生とカフェに向かう。歩きながら、雅人は冷めやらぬ興奮を感じていた。それほど宇田川先生のセミナーは素晴らしかった。

（ピアノの先生は絶対セミナーを受けるべきだ。どうしてもっと早く参加しなかったんだ）

後悔が先立つが、今の雅人にはそれ以上に、知らなかった世界の扉を開いた喜びのほうが勝っていた。レッスン室から一歩外へ出れば、こんなにも刺激に満ちた世界があったのだ。勉強し直してまたレッスンしたい。心底そう思った。同時に雅人は、そんな心境の変化に驚いてもいた。上機嫌のあまりニヤニヤしていたのか、前から歩いてきた若い女性が、薄気味悪そうに雅人を見て目をそらす。慌てて真顔を装う。

「それで、何をお聞きになりたいのでしたっけ?」

カフェで席に着き、ひと通り自己紹介が終わってコーヒーも半分くらいになった頃、小野上先生は切り出した。

「はい、先生がレッスンで大切にされていることをお聞かせいただきたいんです」

「大切にしていること?　それならたったひとつです」

どんな答えが返ってくるのだろう。ペンを握る雅人の手に思わず力が入った。

「**起こることはすべて自分の責任と捉える**」

宇田川先生の教えは「自分を満たす」だったが、今度は、「自分の責任」か……雅人は身構えた。

「たとえば、言うことを聞かない生徒がいるとしましょうか。そんなとき、反抗的な子だとか、親の育て方が悪いとか、文句を言う先生がいるでしょう?　でも、生徒や親御さんを責めたところで、決して解決策は見えてこない」

雅人の予感は当たったった。まさしく自分のことじゃないか。ひきつる顔をどうしていいかわからず、雅人はノートに目を移した。

「確かに、時にはあまりに非常識な言動に驚いたり、すごく傷つけられたりすることもありますよ。私も教え始めた頃は、受け入れがたい現実に戸惑ったこともありましたから」

小野上先生には、何もかもお見通しなのかもしれない……雅人は早々に観念した。

「でもね、**どんなときでも、自分に責任はないかって冷静に振り返ってみると、何かしら思い当たるふしがあるものです。**選曲が悪かったのかもしれない、進度が早すぎたかもしれない、宿題の与え方が良くなかったかもしれない、生徒の気持ちを考えていなかったのかもしれない。いろいろあると思うんですよ。でも、相手に責任を押しつけている限り、こういったことは見えてこない」

雅人は、力なく頷いた。そうだ、自分には何も見えていなかった。すべて相手のせいにして……。小野上先生の言葉に、息苦しさを感じるほど打ちのめされた。

「目の前の生徒にいいも悪いもない。それを決めている『自分』がいるだけです。生徒を変えたければまずは自分が変わる。そんなふうにレッスンに向き合っていたら、生徒がどんどん変わっていったんです」

がっくりと肩を落としている雅人の姿を見て、小野上先生は、

「あ……ごめんなさいね。宇田川先生の講座のすぐ後に、私の話を長々と聞かされて、お疲れになられたんじゃないですか」

心配そうに雅人を気遣った。

「……愚痴ったり嘆いたり、文句を言う人、相手に責任を押し付ける人、まさにそれが私でした。先生にお会いしていなかったら、これからもずっとそうだったかもしれません。ありがとうございます……なんでこんな情けない声しか出ないんだろう。あまりに自分が不甲斐なくて……」

「あら、そんなに自分を責めないでくださいね。まだ三上先生はお若いですし、あなたのその素直さと真摯な気持ちがあれば大丈夫ですよ」

　雅人は小野上先生の優しさが心に沁みた。

　生徒がひとりもいなくなってしまった現実。その責任が自分にあることは、もう言い訳のしようがない。変わらなければ。いや、変えてみせる。小野上先生の言う通り、自分はまだ若い。今からでも間に合うはずだ。ただ……こんな自分が本当に変われるのだろうか。心に不安が渦巻いている。

信頼される先生、されない先生

「ところで三上先生、お腹すきませんか？」

「あっ、もう1時なんですね。そういえば……お腹すきましたね」、
話を聴くのに夢中で、食事のことなどすっかり忘れていた。なぜか空腹感は、意識した途端に一気に加速する。

「ある先生とランチの約束をしているんですけど、ご一緒しませんか」

アルバイトまではまだ時間がある。ただ、朝から緊張していたせいか、空腹感と同じくらい疲れも感じていた。ひとりになりたい気もしたが、せっかくのお誘いを断る理由もない。雅人はランチに同席させてもらうことにした。

小野上先生は、セミナー会場の裏手にあるイタリアンのお店に雅人を連れて行った。こじんまりしているが、品のある小物や壁のタペストリーがいい雰囲気を出している。壁に貼られたフィレンツェのドゥオモの絵を見て、留学時代を思い出した。

奥に白い壁で仕切られた個室の空間があり、すでにひとりの女性が座っていた。

「あっ、先生……」

こちらに軽く手を挙げたのは、先ほどセミナーを終えたばかりの宇田川先生だった。待ち合わせをしていたのか。驚かせてごめんなさいね、という感じで小野上先生は雅人に席に座るよう促してから、宇田川先生に嬉しそうに話しかけた。

「ごめんね、待った?」

「ううん、今来たところ。先生方の質問に答えていたから。いつものことやけどね」

「ホント、毎回、長蛇の列よね。私もいろいろ勉強させてもらってるわ」

ひとしきり会話が終わるのを待って、雅人は宇田川先生に挨拶する。

「小野上先生のお言葉に甘え、ランチにまでお邪魔してしまいました。小野上先生をご紹介いただき、ありがとうございました」

「いえいえ、小野上先生のお話、すごく勉強になったでしょう？」

「はい、宇田川先生と小野上先生、お二方のお話から大きな気づきを得ることができました」

そこに、店員が2人の女性を案内してきた。久しぶりの再会なのか、黄色い声が個室に響く。おそらく指導者仲間だろう。

「三上先生、ご紹介するわ。掛川多歌子先生と、そちらが堀之内静子先生。いつも東京に来るタイミングで会ってたんやけど、最近はみんなすごい忙しかったから、今日は何年ぶりやろねぇ。まぁでも、フェイスブックでつながってるし、お互いの近況はだいたいわかってるんよね」

「あの、はじめまして、三上雅人と申します」

雅人は相変わらずギクシャクした手つきで、まずは掛川先生に名刺を渡した。

「掛川ですー。大学の渋い名刺しかなくてごめんなさいねー」

高めのソフトな声が耳に心地いい。掛川多歌子（かけがわ たかこ）先生は、大きめの巻き髪、小さなフリルの白いブラウス、裾がふわっと広がった明るいパープルのスカートで、ゴージャスな雰囲気。名刺には某教育大学の名と講師の肩書きが記されていた。学校の教師を目指す学生たちにピアノを教える傍ら、自宅でもレッスンしているそうだ。ピアノ指導者向けのセミナーもしているらしい。雅人はもうひとりの先生のほうを向いた。

「堀之内静子です。よろしくお願いします。宇田川先生とは、どんなご縁で?」

「いや、実は昨日お会いしたばかりで……」

驚く先生に、雅人は簡単に経緯を説明した。堀之内静子（ほりのうち しずこ）先生は、水色のストライプのシャツに白いパンツスタイルで、アクティブな印象。あとから知ったのだが、コンクール入賞者をたくさん出すなど、その高い指導力で名が通っている先生なのだという。雑誌の常連執筆陣のひとりでもあるらしい。

2人の先生が席につくやいなや、瞬く間に会話が盛り上がる。話題が転々とするのに、誰ひとり輪からはじき出されることなく会話が成立し続ける。そのことに雅人は驚きつつ、会話の勢いに圧倒された。ウェイターが注文を取りにきて、メニューを決め忘れていたことに気づき、大声で笑い合う4人。

（こんなに気心の知れた先生仲間がいると安心だろうな……）

雅人は初めて仲間の大切さを意識した。

「話が止まらないわね」

「ほんとほんと。三上先生、ごめんなさいね」

「あ、いいえ、音大で慣れましたから……」

苦笑いで答えながらも、宇田川先生が「三上さん」から「三上先生」と呼び方を変えてくれたことに気づいた。些細なことだが、雅人は自分も仲間として認めてもらったようで、なんだか嬉しかった。

料理が進み、最後のドルチェとカフェが運ばれてきてからも、先生方の話はノンストップだった。最近のレッスンの話から曲集や本、コンクールに関する情報交換、今後予定している勉強会やイベントの話題まで尽きることがない。四六時中レッスンや生徒のことばかり考えているのだろう。それにしてもネガティブな話題が一切ない。自分だったら愚痴ばかり言っているかもしれない。再び自己嫌悪の世界へ引きずり込まれそうになる自分と、静かに闘っていた。

会話が一段落したところで宇田川先生が切り出した。

「そうそう、三上先生はね、５人の著名な先生からお話を聴くっていう課題を出されてて」

不思議な顔をしている２人の先生に、雅人はこれまでの経緯を話した。

「私は著名やないけど、今日の講座がきっかけでトップバッターになったんよ。で、次は小野上先生。もしよかったら、掛川先生と堀之内先生も協力してあげてくれへん？」

宇田川先生の言葉に、両先生とも「面白い課題ね」と興味を持ってくれた様子だ。これはまたとないチャンス。もし２人に話を聴くことができれば、課題達成へと一気に近づくはずだったが……。雅人は心の中で「最悪」とつぶやいていた。このあとバイトを入れてしまっていたのだ。あまり時間がない。雅人は目が合った掛川先生に、単刀直入に切り出した。

「あの、掛川先生がレッスンで大切にしていらっしゃることはなんですか?」

「そうね……いろいろあって絞りにくいんだけど……」

雅人は少し前のめりに掛川先生の答えを待った。雅人はこの瞬間のドキドキ感にハマったようだ。大丈夫、ノートのスタンバイはオーケーだ。

「**教えなくてもいいように教えることかしら**」

「……? そ、それはどういうことでしょうか」

「ごめんなさい、わかりにくかったわね。別の言い方をすれば、『自立できるように教える』。**自分で考えて自分ひとりで音楽を創り上げられるように育てる**っていうことね」

「なるほど……」

掛川先生は、もう十年以上通っているという歯科医院の話を始めた。ここに出会うまでは、あちこちの歯医者を渡り歩いたらしい。ただ、今はどんなに予約が取りづらくても、変える気はまったくないと言い切る。治療がうまいこと、納得いくまで細かく説明してくれることも理由のひとつだ。けれども、リピートする最大の理由はそれではなかった。

「あの先生はね、歯を健康に保つ方法を教えてくれるんですよ」

虫歯予防の知識、正しい歯磨きの仕方、時には審美歯科のアドバイスまでしてくれる。これは言ってしまえば「歯医者いらずにするアドバイス」だ。歯科医院にとっては、収入源である患者を減らすことにつながるだろう。

「前の歯医者さんは、虫歯予防のアドバイスなどは一切しないけど、次回検診の予約だけは必ず入れるようにしつこく言ってきたわ。何かあればすぐに自費治療を勧めてくるし。説明が不十分だから、こっちは質問するでしょ？　でも、『大丈夫、これが一番』と、軽くあしらわれてしまう。患者のことより自分が大事？って思っちゃうでしょ。もう不信感だらけ」

「当然よぉ！　信用を失うようなことをしているってわからないのかしら」

堀之内先生が、自分のことのように感情移入して共感している。

「それに比べて今の先生はね、私の歯を守ることを第一に考えてくれる。もうほんと、信頼してるの。だから、3カ月ごとの検診は欠かさず行くし、歯に違和感があればすぐに電話するわ」

ピアノ教室も同じだ……と雅人は思った。効果的な練習方法を教えてくれる先生、音楽の楽しみ方を教えてくれる先生、人生を豊かにしてくれる先生。歯医者と違って、ピアノの場合は、そう簡単には「指導者いらず」にならないけれど……心から信頼できる先生にならなら、誰がなんと言おうとずっと習い続けたいと思うだろう。逆に、いつまで経っても楽譜が読めるようにならない、上達しない、レッスンがつまらなさそう……そんなわが子を見て、続けさせようと思う保護者が果たしているだろうか。

雅人は、こんな簡単な公式に気づけなかった自分に赤面した。激しい自責の念にかられたが、やっとの思いで言葉を発した。

「ピ、ピアノ教室でもまったく同じですね……」

「その通り。信頼関係を築くことができれば、引っ越しとかで離れざるを得なくなっても、関係が途切れることはないの」

当たり前の結論だが、指導力が重要だということだ。もちろん「音楽的自立」へと導くことは、決して簡単ではない。指導者は、知識や経験、スキルを身につけるのに何年もかかるだろう。ただ、そこを目指すかどうかで、ピアノ講師としてのキャリアは大きく変わってくる。

掛川先生の話を、雅人はしっかりとノートにメモした。


雅人は先生方に見られないように時間を確認した。堀之内先生にも話を聴きたかったが、残念ながらタイムアウト。すぐにでもアルバイトに向かわなければならない。休むことも考えたが、今日のシフトは人数ぎりぎりだったことを思い出す。こんなことになるなら、休みにしておけば良かったと強く後悔した。

「あの、すみません、もう行かなければならない時間で……堀之内先生のお話をお聴きしたかったのですが」

「そうなんや、ほんま残念やねぇ……堀之内先生のお話、絶対お聴きするべきやわ」

「いえいえ、私は、皆さんのように素晴らしいお話はできないから。でも……もし、三上先生のお役に立てるなら、来週にでも私の教室にいらっしゃる？」

渡りに船とはこのことだ。堀之内先生の提案を、雅人は素直に喜んだ。

「本当ですか！　ぜひ、うかがわせてください！」

宇田川先生が笑いながら、

「良かったね、三上先生！　でも堀之内先生の教室って遠いよ。名古屋だから」

「な、名古屋……ですか」

名古屋までの交通費はいくらなのか……そんなお金の心配が先にくる自分がほとほと情けない。だが、お願いしてしまった以上、後には引けない。あらためて連絡すると約束して、雅人は手を振る４人の先生に見送られながらレストランを出た。

電車に乗ると、どっと疲れを感じた。有り難いことに座れたので、短い時間でも目を閉じて休みたかったが、雅人はノートを取り出しメモを読み返し始めた。記憶が新鮮なうちに教えをまとめ、あらためてノートに書き記す。

入会を断る勇気

（それにしても、今日もいい話を聞けたな……）

銀座での充実した時間を思い出しながら、バイト先の最寄駅で降りる。改札を出たタイミングで、ズボンの後ろポケットのスマートフォンが鳴った。画面を見ると、後輩の高梨からだった。

「もしもし、三上センパイ。高梨です」

「おお、電話をくれるなんて、どうした？」

「いやだなぁ、センパイ、西園寺先生の退官パーティーのとき、今度飲みましょうって誘ったじゃないですか。どうです？　今日か明日にでも」

「お、いいね！　ただ今日はちょっとバイ……いや、バタバタしててさ。明日の夜はどう？」

バイトのことを隠しているのを思い出して、慌てて取り繕った。

「オーケーです。久しぶりに、懐かしの『くろちゃん』に行ってみませんか？」

「大賛成！　ずいぶんと行ってないからな。マスターは元気かなぁ」

「相変わらずだと思いますよ。なんせマスターの口ぐせは、『俺の取り柄は、強気、男気、元気』ですからね。じゃセンパイ、待ち合わせは18時にお店でってことで」

雅人は嬉しかった。軽い口約束のつもりだったのだが、高梨はちゃんと覚えていた。言ったことをきちんと守る律儀なところは、音大時代から変わっていない。むしろ小さな約束ほど大切にする男だった。その積み重ねが、今の彼の成功につながっているのかもしれない。

名古屋行きと高梨との飲み会。先の楽しみができたことで、その日のアルバイトは、いつもより時間が経つのが早く感じられた。


「心を幸せで満たす。これ、本当に大事だな」

＊　　＊　　＊

雅人が店に入ると、すでに高梨は到着していてマスターと談笑中だった。カウンターが数席と、小上がりのお座敷に鉄板付きテーブルが3つだけのお店。座敷の一番奥に座っている高梨が雅人に気づいて、軽く手を振った。

「くろちゃん」は、居酒屋風のお好み焼き屋さんだ。音大の正門を出て、お寺の境内を抜けたところにある、昔ながらの商店街の中の一軒。音大からすぐそばという立地と、リーズナブルに食べて飲めることもあって、音大生に人気だ。今日もすでに音大生らしき女子学生のグループが座敷入口側の2つのテーブルを埋めていた。オケの練習帰りだろうか、ヴァイオリンのケースがいくつか置いてある。

「よお、三上君。全然顔見せなかったけど、元気だったかい？」

「はい、おかげさまで。マスターも全然変わりませんね」

口ひげが印象的なマスターは、短髪にねじり鉢巻き、そして黒いTシャツ。海辺を歩いていたら漁港の人に確実に間違われるだろう。

「オレは変わりないけど、お好みの値上げはしたよ。強気だろう？　わっはっは」

そういえば、壁に貼ってあるメニューを見ると、昔より高くなっている。それでも音大生が通い続けるのは、やはり味の良さとマスターの憎めない人柄によるものだろう。

雅人と高梨はとりあえずビールで乾杯した。こうして気の許せる仲間と飲むと、本当にリラックスする。会話は自然と音大時代の話になった。あの頃は将来のことなどさほど気にせず、ただ目の前の音楽に集中していれば良かった。好きな時間に好きなだけピアノが弾けた。偉大な作曲家の世界にどこまでも深く浸ることができた。今となっては、それがどれだけ貴重で尊いことだったか骨身に沁みる。

＊　＊　＊

会話はお互いの仕事のことにシフトしていった。

「それにしても高梨、すごい活躍だよな」

「やっとここまで来たって感じですけど、継続的にお仕事をいただける先が増えたのは、本当にラッキーなことだと思いますよ」

雅人はふと気になったことを聞いてみた。

「そういえば、高梨はピアノも教えているんだっけ?」

「いえ、今はしてないんです。いろいろあって……」

一瞬、高梨の表情が曇ったのを見逃さなかった。これは何かあるなと思ったが、気づかないふりをして尋ねてみた。

「なぁ、高梨。ピアノのレッスンで大切にすべきことってなんだと思う?」

お酒が進んで少し赤くなった高梨の眼差しがサッと真剣になった。

「……センパイ、真面目な話になってしまっていいですか?」

高梨はおしぼりで口元を拭うと、ボソッと言った。

「**断る勇気**ですかね」

まだそれほど酔っていないはずだが、高梨の言葉の意味がわからなかった。

「要はこういうことです。ピアノのレッスンでも、自分ができること、できないことってありますよね。あるいは、教えられることとそうでないこと、っていうか」

「そうかなぁ、音大出てるんだから、たいていのことは教えられるだろう?」

「それがちょっと危ない考え方だと思ってるんですよ。ピアノって自分が教わったように教える人が多いと思うんですけど、今はそれじゃ通用しないじゃないですか。しかも音大のピアノ指導法の授業で習ったことは、あんまり役に立たない。レッスンの他にも大切なことはたくさんあるし……。コミュニケーションスキルとか、生徒との距離の取り方、相手の言葉を引き出す質問の仕方とか、イベントの企画力とかもそうですよね。でもそういうことって、自分で学ぶしかないんですよ」

「まぁ、そうだよな……」

「だから音大を出たからって、すぐにすべてを教えられるわけではないと思うんですね。もちろん、現場でレッスンしながら学ぶことは多いし、その経験から得られることも重要ですよ。ただ注意すべきなのは、音大を卒業したからって、すぐにピアノ教室を始められると安易に思うこと。ろくに指導法も勉強せずに」

（むしろそういう人のほうが多いだろうな……）

雅人はお好み焼きをひと口頬張って、高梨の話の続きを待つ。

「特に気をつけたいのが小さい子のレッスン。僕自身の失敗談なんですけど、小さい子なら曲も簡単だし、自分が習ったように教えればいい、余裕だなって思ってました。でも、現実は違った。小さい子のレッスンほど難しいものはないんですよ。センパイもそう思いませんか？」

「ま、まぁ、そうだね……」

急なフリに適当な相槌をうちながら、雅人はまさに自分のことを言われているようだと思った。レッスン室でのことを思い出す。楽譜をちっとも読めるようにならない。何度も同じことを言わせる。練習してこなかったことがばれるのが嫌なのか、やたらおしゃべりで時間稼ぎをする子。こちらが真剣に話しているのに、遠慮のかけらもない大あくびをする子。楽譜一式、家に忘れてきた子もいた。なんのためにレッスンしているのかわからなくて、自暴自棄寸前だった。

ジョッキを傾けながら、高梨が続ける。

「途方に暮れて、指導法のセミナーに行ってみたんですよ。そしたら驚きましたね。自分が子どものころとは、レッスンが全然変わってるって」

驚いた。まぎれもなく昨日の自分ではないか。

「僕はレッスンでの失敗を通じて気づいたんです。音大を卒業してからが本当の学びのスタート。ピアノを教える限り、演奏の腕を磨くのと並行して、指導法は学び続けていかなければならないって。それがピアノ指導を生業とする人の『免許証』なんだと」

酔いが回ったのか、高梨にしては珍しく一方的にしゃべりまくっている。それほど心の傷が深いのかもしれない。

「今、僕は他の仕事で手一杯です。それがレッスンをしていない言い訳かもしれませんけど、やっぱり、**レッスンって片手間にできることじゃない。ピアノを教えることには大きな責任が伴うんです。**だから、もしピアノを習いたいって子が来ても、僕は断るしかないんです」

そうだ。

「高梨が『断る勇気』と言った意味は、そういうことか……」

雅人は言葉が返せなかった。これ以上この話が続くとボロが出そうだ。

を送った。高梨はカウンターに向かってジョッキを持ち上げ、「もう一杯ね！」とマスターに目で合図を送った。ヒゲのマスターは軽く手を挙げた。気がつけばカウンターまで満席で、今日も忙しそうだ。

「ところでセンパイは、どうやって指導のノウハウを身につけたんですか？　子どもを教えてるんですよね？」

（マズい……話が戻った上に、まさかの直球の質問かよ……）

「いや……正直に言うと、今、教室は休業状態。というか、レッスンをする生徒がいない。生徒が全員いなくなってしまった」

「えーーっ!!」

「すまん、変なプライドが邪魔して、本当のことが言えなかった。実は、指導法のセミナーというものに、昨日、初めて行ったくらいなんだ」

雅人はこれまでの経緯を白状した。ただ、佐伯の課題に関しては迷ったあげく言わなかった。課題が達成できなかったときにみっともないからだ。もし課題が達成できたら、佐伯の教えを高梨にもシェアしよう。

「そうだったんですかぁ。僕と似たような経験をしたんですね、センパイも。じゃ、今日はとことん飲みましょう！」

「そ、そうだな。このタイミングで誘ってくれて救われたよ」

結局、高梨とは閉店まで話し込んでしまった。最後は、マスターに追い出されるようにして店を出た。「男気出して頑張れよ！」とのれんを下ろしながらマスターが声をかけてくれた。話が聞こえていたのかもしれない。雅人は高梨とガッシリ握手をかわし、再会を約束した。

体験レッスンで耳を疑う

「まもなく名古屋です……今日も新幹線をご利用くださいまして、ありがとうございました」

新幹線は名古屋駅のホームに滑り込む。雅人は駅に降り立つと、ムッとした暑さに包まれた。今日は堀之内先生の教室に行く日だ。初めての名古屋ということもあり、この遠出に雅人はワクワクしていた。

名古屋でピアノ教室を主宰する堀之内静子先生は、導入期から音大受験生まで、あらゆるレヴェルにおける指導力に定評があり、入会希望者が後を絶たないと聞いた。

名古屋駅からバスに乗って20分ほど揺られて下車。その後は、スマートフォンの地図を頼りに先生の教室を目指した。地図を見ながらでも迷うくらい方向音痴な雅人にとって、スマートフォンは必需品だ。入り組んだ住宅街を歩き回って、「堀之内」という表札が目に入ったときにはホッとした。約束の時間の7分前だった。先生の自宅は築30年ぐらい。雅人の自宅同様、昭和な趣で、表札の横に小さく「ピアノ教室」とプレートが掲げられていた。

ハンカチで額と首の汗を拭いて深呼吸をする。ゆっくりとインターフォンを押すと、ピアノの音と一緒に堀之内先生の声が聞こえてきた。レッスン中なのだろう。しばらくして玄関が開き、堀之内先生が笑顔を覗かせた。

「遠いところ、ようこそいらっしゃいました。今ちょうど体験レッスンが終わったところなんです。どうぞお入りください」

玄関で先生が出してくれたスリッパを履く。ガラスの花瓶に生けられたヒマワリの花が明るく出迎えてくれる。入ってすぐ右の部屋がレッスン室のようだ。最近リフォームでもしたのだろうか、白を基調としたレッスン室は明るくて清潔感に溢れている。ドアを入って左側のソファを勧められて腰をおろす。クーラーが効いていてホッとする。

雅人の向かい側で、おさげの小さな女の子とお母さんが帰り支度をしているところだった。女の子は5歳くらいだろうか。雅人はお母さんに小さく挨拶をした。女の子がお母さんを見上

げながら、

「ママ、次、いつ来るの？　菜緒は、あしたもいいよ」

と言うと、お母さんは「あらまぁ」という顔で嬉しそうに堀之内先生のほうを見て、

「先生、入会させていただくには、どうすればいいでしょう？」

と尋ねた。

「お母さん、まだ入会を決めちゃだめですよ」

堀之内先生の言葉に、雅人は耳を疑った。お母さんも「えっ」という表情のまま堀之内先生を見つめている。

「たった一回、しかも30分しか会っていない人間に、大事なお子さんを預けると決めちゃだめです。もし良ければ、あと2回、体験レッスンにいらしてください。それから決めても遅くないでしょう？」

「あ、はい…でも……」

堀之内先生は、笑顔のまま母親の目をしっかり見て付け足した。

「旦那さまともよく相談してくださいね。お子さんの人生に関わることですから」

「でしたら先生、次はいつ体験レッスンをお願いできますか」

すっかり習わせるモードに入っている母親を落ち着かせるように、堀之内先生はゆったりとしたしぐさで手帳を開く。次回の予定が決まり、さようならの時が来ると、先生は女の子の目

の前でしゃがんで、

「今日は一緒に音楽ができて嬉しかったよ、ありがとう！」

女の子はこっくりと頷く。

「菜緒ったら、ありがとうございました、でしょ！」

「ありがとうございましたぁ！」

ソファに座って一部始終を見ていた雅人。玄関に向かう3人の後ろ姿を目で追う間、孤独に似た感情に襲われていた。あの3人を包み込む温かな空間に自分は入れない……ピアノ講師として一度でも、あんなふうに生徒や保護者から必要とされたことがあっただろうか。わずか30分の体験レッスンで、いったい何が行われたというのか。雅人は無性に知りたくなった。


ぱたぱたスリッパを鳴らして、堀之内先生が戻ってきた。

「どうも、お待たせしてごめんなさい。急に体験レッスンが入ってしまって……」

「とんでもないです！　こんなにすぐお時間をとっていただけるなんて……」

「ちょっと待ってね」と言うと、堀之内先生はまたスリッパを鳴らしてレッスン室から出て行った。雅人はあらためてレッスン室を見回した。2台並んだグランドピアノの後ろ側の壁は作り付けの棚になっていて、楽譜や書籍がびっしり並んでいる。小さな机の上には、体験レッスンで使ったのだろうか、太鼓やカラフルな鉄琴、おはじきなどが置かれている。しばらくすると、堀之内先生がお盆に紅茶とケーキをのせてきた。

「あらためまして、遠いところありがとうございます」

「こちらこそ、お言葉に甘えて押しかけてしまいまして……これ、南部せんべいです。私、岩手の出身なんです」

「あら、私の大好物！　東北の方なんですね」

昨日、運良く田舎の母親から宅配便が届き、そこに入っていた南部せんべいの詰め合わせを手土産に回したのだ。新幹線代で大幅出費の雅人にとって、なんともラッキーな出来事だった。

２人はしばしお茶を飲みながら雑談をした。ほどなくして、堀之内先生は申し訳なさそうな表情で言った。

「今日はたっぷりお話を……と言いたいところなんですけど、実は急遽、留学先から帰ってきている子のレッスンが入ってしまって……お話できるのは、あと1時間くらいなんです。ごめんなさい」

「そうなんですね！　もちろん大丈夫です。留学をされた方が先生のレッスンを受けに来られるんですか。すごいですね……」

（自立させれば生徒は離れない）

掛川先生の言葉がよぎった。

さっそく本題に入るべきなのだが、さっきの体験レッスンのことが気になって雅人は尋ねた。

「先生、さっきのお子さんですけど、どうしてすぐに入室させなかったのでしょうか。お母さんもすっかりその気になっている様子でしたよね」

「たいてい初めてのレッスンって多少興奮しているものでしょ？　子どもも親も、クールダウンする時間を持つことが必要だと思うの。それでもまだ習わせたい、習いたい、と思えたら本物ね。ピアノの先生を決めるのって、すごく大事なこと。人生の大切な時期を一緒に過ごすんですもの、子どもが受ける影響は大きい。だから、じっくり考えてほしいっていうのが私の本心ね」

今の話だけでも、今日ここに来た甲斐があったなと雅人は思った。相手のことを一番に考える。その気持ちが信頼へとつながっていくのだ。これからの参考にしよう。

「先生は、最低3回は体験レッスンをされているんですか」

「そうね。もちろん体験レッスン料はいただきますけど、合計でも1カ月のお月謝よりは安いから、実はお得なのよね」

先生はクスっと笑った。雅人は目からウロコだった。求める条件も価値観も人それぞれ。たった30分で見極めるのは難しいだろう。体験レッスンはなんのためにあるのか、その根本的な意味をあらためて考えさせられた。

すべては心の持ちよう

雅人のカップに紅茶のおかわりを注ぎながら、堀之内先生は続ける。

「お聞きになりたいのは、確か、レッスンで大切にしていることでしたよね」

「はい、ぜひお聞かせください」

「すごく単純なことなんですけど……」

堀之内先生は、ひと呼吸置いて続きを話し始めた。

「**いつも幸せな気持ちでレッスンすること**、でしょうか」

「……というと？」

「人って、何かすごいものを手に入れないと幸せになれないって思いがちですよね。使い切れないほどのお金や贅沢品、地位とか名誉とか。でもそれって本当なのかなって、よく思うんです。たとえそれらがなくても、幸せっていつもすぐそばにあるんですよね。『幸せに気づく心』があるかどうかの違いだけで」

「幸せに気づく心……」

「考えてもみてください。たとえばこの世の中には、ピアノが弾きたくても弾けない人って、たくさんいますよね。健康面から住宅事情、経済的な理由まで、いろいろありますからね。ピアノが自宅にあるだけでもすごいことなんですよ。でも当たり前になっているから、その素晴らしさを忘れているかもしれない。あって当たり前のものがなくなって、ようやくその大切さを知る。そういうことって多いですよね。ピアノのレッスンも同じ。目の前にピアノがあること、今日も生徒が来てくれること、レッスンできること……そのどれひとつだって、当たり前のことではないのよね」

「幸せに気づいて、『いつも幸せな気持ちでレッスンする』と、具体的には……どんな変化が起きるんですか？」

「幸せな気持ちでレッスンすれば、幸せなことが返ってくる。つまり……生徒に愛情を注げば、生徒からも愛のこもった何かが返ってくる。**ピアノのレッスンって、投げたものが返ってくる**んですね。投げるものは温かい言葉かもしれないし、優しい心遣いかもしれない、心に響く演奏かもしれない。逆に、愛さなければ愛されないし、嫌な気持ちでレッスンすれば嫌なことが返ってくる。そういうことね」

自分はどんな気持ちでレッスンをしていただろう……雅人は思い出そうとしていた。幸せを感じたことがあっただろうか？　いや、いつも妥協と後悔ばかりを引きずっていた気がする。

「私はよく、先生方からレッスンにまつわる悩みをお聞きするんですけど、大半は、生徒が言うことを聞かないとか、保護者から文句を言われたとか、相手が自分の思い通りにならないことへの不満なんです」

「……そういうときって、どうすればいいんでしょう？　生徒を良い方向へ変えるのが先生の役割ですよね？」

「それは先生のエゴ。相手を変えようとするのは、『自分は絶対に正しい』と思っているから。もちろん自分の価値観を大切にするのはいいことですよ。でも、それを人に押しつけるのは別問題。忘れてならないのは、相手の意思を尊重する姿勢。相手を変えようとするんじゃなくて、認めることなんです」

「……先生はやっぱりすごいです。私にはどうしても受け入れられない場面が何度かありました……心が狭いんでしょうか」

堀之内先生は、ゆっくりと首を横に振って、

「無理に自分を押し殺して我慢しながら生きなさい、と言っているんじゃないですよ。心の持ちようで、幸せはいつでも感じられるってこと。でもこれは、自分を認めていなければできないかもしれないわね。良いところだけでなく、嫌な部分もひっくるめて、自分のすべてを受け入れる。そうすると、『そういう考え方もあるよね』って、他人も認められるようになってくる。そして、不思議なほどイライラすることが減って、ラクに生きられるようになるんですよ」

「たとえばですけど、注意したことを直さない生徒がいたら、先生はどう対応されるのですか」

「私だったら、目の前で起きていることは、自分にとって意味のあること、必要なことなんだって捉えますすね。繰り返し同じミスをする生徒がいても、『何度言ったらわかるの』とか『人の話、

聞いてる?』とか、生徒を責めたりはしない。逆に生徒が、『その教え方ではだめだよ』と教えてくれている。『考えるチャンスを与えてもらった』って思うかな」

「……それは、す、すごいです」

「三上先生ったら、さっきからすごいって、何度も感心してくださるけど、誰にでもできることですよ」

堀之内先生は、紅茶をひと口飲んで続けた。

「たとえばね、『ここでつっかえなくなるには、どうしたらいいだろう』『なぜ、つっかえるのだろう』って、原因を探ってみる。そして、それを取り除くための指導をいろいろ試してみる。『この伝え方も違うか……』『じゃあ、この練習法ならどう?』ってね。諦めずに続けていたら、ついに止まらずに弾ける瞬間がやって来る！　そのときの、幸せな気持ちといったら言葉にできないわ。しかもそれだけじゃない。その生徒が与えてくれた気づきを、ほかの生徒の指導にも活かせる。ね、喜びを持ってレッスンしていると、幸せがいっぱい返ってくる！」

堀之内先生は、本当に幸せそうに笑ってみせた。その笑顔を見ながら、雅人は後悔で心が押しつぶされそうになっていた。練習しない生徒が悪い。上達しないのは才能の問題。出来の悪い生徒ばかりだ。思い通りにならない生徒に、つい声を荒げてしまったこともあった。それでどうなったか。事態は悪くなる一方だった。生徒はどんどん辞め、ついにひとりもいなくなった。当然だ。自分から彼らを追い払っていたようなものだ。

苦しい自分の心のうちを悟られないように、雅人は軽く咳払いをし、気持ちを切り替えようとボールペンをギュッと握った。そして、堀之内先生の教えをていねいに書いていった。一つひとつ心に刻みつけるように。

雅人が書き終えて顔を上げると、堀之内先生が優しく言った。

「ピアノ教室を始めてもう20年になるけど、今頃になってやっと気づくことだってあるのよ。昔の生徒たちには、必要のない苦労をさせてしまったなぁって……でも、後悔している暇はない！　同じ過ちを繰り返さないように今から頑張ろうって。未来の自分、そして生徒のために」

雅人は胸が熱くなった。

「あら、もうこんな時間！　熱心に聴いてくださるから、一方的にべらべらしゃべっちゃったわね。ごめんなさい。でもおかげで、自分の指導への考えを再確認する良い機会になりました」

「こちらこそありがとうございました。今の自分に必要なことをたくさん教えていただきました。先生にお話をお聴きすることができて、本当に良かったです」

雅人は深々と頭を下げ、帰り支度を始めたとき、

「ピンポーン」

インターフォンが鳴った。帰国している例の教え子が来たのだろう。カバンを手に取り立ち上がった瞬間、入って来た女性と目が合って心臓が止まりそうになった。

第三章

AFFETTUOSO

蘇った恋心

「あっ……」

雅人は、思わず声を出してしまった。女性は怪訝そうな顔で雅人を見つめていたが、パッと表情を変えた。

「あっ、えっと……思い出した！　三上君？」

「羽留ちゃん、三上先生を知ってるの？」

驚いた堀之内先生は、2人を代わる代わる見ながら言った。

「三上センセイ……そうか。はい、だいぶ前ですけど、向こうのコンクールで知り合って……」

「あらまぁ！　すごい偶然ね」

「三上君、全然変わってないから、すぐに思い出したわ」

「あっ、いや……お久しぶりです。白石さんも元気そうで。まだドイツに？」

「そう。でも今年中には帰る予定。これ以上、親のすねはかじれなくてね」

2人の会話に、堀之内先生がすまなそうに割って入った。

「ごめんなさいね、積もる話もあると思うけど、この後もレッスンが詰まっているから……。

羽留ちゃん、よければ三上先生に1時間、どこかで待っていてもらって、後でお話ししたら?」

「いえいえ! そんな……白石さんもお忙しいでしょうから、私はこのまま東京に戻りますんで」

なんでこんなに慌ててるんだろう。あたふたしている雅人にはおかまいなしに、

「東京? 私もレッスンが終わったら東京へ行かなくちゃならないの。せっかくだし、待っててよ。何か予定ある?」

「いや……特には……」

「じゃ、決まりね。名古屋駅の新幹線乗り場側に『メルヘン』って喫茶店があるから、そこで待っててくれる? 場所はスマホで調べればわかるわ」

半強制的に決められてしまった。雅人は、堀之内先生に何度もお礼を言って教室を後にした。

外に出ると蒸し暑かった。クレヨンの重ね塗りみたいに濃い青の空を仰ぎ見て、ふぅっと息を吐く。まさかあの子とこんなところで再会するとは……。帰りのバスに乗り込んでからも、駅近くのカフェに着いてからも、雅人は留学中のコンクールのことを思い出していた——。

＊　　＊　　＊

それは、スイスの湖畔の小さな街で行われた国際コンクールだった。外国人の演奏に交じって、際立った演奏をする日本人がいた。それが白石羽留奈(しらいし はるな)だ。彼女の演奏後、思い切って雅人が話しかけたことがきっかけで親しくなった。ひとつ下の羽留奈は、東京の音大を出てすぐに渡欧、今はドイツに留学しているとのことだった。自分と境遇が似ていることもあって、いつまでも話題は尽きなかった。雅人の心には、羽留奈へのほのかな好意が芽生えつつあった。

その日のうちに、予選の結果が出た。羽留奈は1次予選を突破。雅人は落選だった。落ちた時点でイタリアへ戻ると決めていた雅人は、スーツケースに荷物を詰め始めた。心残りなのは、このまま羽留奈と別れてしまうことだった。そこで思い切って連絡先を聞いてみると、意外にもあっさり教えてくれたのだ。羽留奈とのつながりが得られたのは、コンクール敗退の気落ちを和らげるのに余りあるものだった。

イタリアへ戻り、しばらくして雅人は羽留奈にメッセージを送ってみた。すぐに返信がきた。コンクールの結果は、第4位だったそうだ。1位のロシア人の演奏がとにかくすごかった、といまだ興奮冷めやらず、といった熱気が文面から伝わってきた。

その後、途切れ途切れではあったが、1年くらいはやり取りが続いた。雅人に特別な感情はなかったといえば嘘になる。だが、距離は思いも遠ざけるのか、羽留奈からの連絡は次第に減り、ついには来なくなった。最後のメッセージだったか、「もっと音楽に集中しなきゃ」と書いてあったのを記憶している。そのうち雅人のほうも、コンサートや試験に追われ、彼女を思い出す時間が短くなっていった——。

あれから何年経っただろう。髪型は変わっていたが、一瞬で彼女だとわかった。まさか初めて降り立った名古屋で、しかも数日前に会ったばかりの堀之内先生の自宅で、こんな再会を果たすとは……。あのときの感情が甦ってきて、なんだかふわふわした感じだ。

（それにしても最近はいろんな偶然が重なる。佐伯さんと会ってから何かが動き出したみたいだ……羽留奈との再会にも意味があるのだろうか……なんだろう、この気持ちは）

雅人は上気してくるのを感じ、慌ててアイスコーヒーをひと口飲んだ。

「ごめんね、三上君！」

手に持ったグラスが大きく揺れるほど驚いた。よりによってこのタイミングで現れるか。

「驚かせちゃった？　ごめんごめん。レッスンがちょっと長引いちゃって」

走ってきたのか少し息を切らしている。

「じゃ行こうか」

「えっ？　行くってどこへ？」

「いやだ、今から東京に帰るんでしょ？　新幹線の中で1時間半以上おしゃべりできるわ」

すっかり羽留奈のペースにはまってしまっているが、その感じが懐かしく、なんだか雅人は嬉しかった。

幸いにして２人掛けシートに座ることができた。初めて会ったスイスでのひと時と変わらず、完全に羽留奈が会話の主導権を握っていた。次々繰り出される質問に雅人は答えるのがやっとだったが、あの頃と何も変わっていない羽留奈に、内心ホッとした。

初めてピアノに触った日

「でも、どうして堀之内先生のところにいたの？　先生、課題がどうこうって言っていらしたけど……」

雅人は、これまでの流れをひと通り説明した。

「レッスンで大切にしていることかぁ。面白い課題ね」

「うん、すごく勉強になってるね」

「そういえば、私のドイツの先生がいつもおっしゃっていることがあるわ」

「えっ、ちょっと待って。ノート出すから」

ごそごそとカバンからいつものオレンジ色の表紙のノートとペンを取り出す。その様子を羽留奈は面白そうに見ていた。

「ごめんね。いいよ、どうぞ」

頷くと羽留奈は腕組みして、わざと声のトーンを低くして言った。

「**いつも初めての心で向き合え**」

「初めての心……」

「そう。三上君って、初めてピアノを習いに行ったときのこと、覚えてる？」

「ああ……兄貴が先にピアノを習っててさ、僕は、まったく興味がなかったんだけど、ある日無性に習いたくなったんだ。母さんに連れられて初めてピアノ教室に行った日、嬉しくて、家に帰ってからもずっとピアノを弾いてたな……。低い音から高いほうまで弾いてみたり、立ったままペダル踏んで、ワンワン音が広がるのが面白くて何度もやってた。いろんな音が出てくるから、まるで手品みたいでワクワクしてた」

「そうそう、おとぎ話とか魔法とか本気で信じてた、あのころのピュアな感覚……。ピアノって、今まで手にしたどんなおもちゃより大きくて不思議で、特別なものだったじゃない？　それがわが家にやって来て、私のものになったのよ。あのウキウキした気持ちといったら！」

羽留奈は顔を真横に向け、同意を求めるように雅人のほうへ身体を寄せた。雅人はその距離の近さにドギマギして、ぎこちなくうんうんと首を振った。

「その初めての気持ちとか感動ってすごく大切なのに、今ではすっかり忘れちゃってない？私たちっていつもピアノと一緒だし、今やピアノが目の前にあるのが当たり前だから」

羽留奈が自分の慌てぶりに気づいていないことがわかって、雅人は落ち着きを取り戻した。

「確かに……そうだよね」

羽留奈は、窓の外に目をやる。勢いよく過ぎ去っていく建物の向こうには、水色が群青色へとグラデーションを深めていく空。ガラスに二重に映る羽留奈の顔は、遠い日を思い出しているかのようだ。

「私が演奏で煮詰まっていたとき、先生はこんな話をしてくれたの。『今、キミの心は全然動いていないよ。心が震えないのにピアノを弾いちゃいけない。キミが小さい頃、先生から憧れの曲を渡されたとき、ドキドキしただろう？　キミの目はキラキラしていたはずだ。それだよ。これから舞踏会にデビューする少女のような気持ちで、いつも初めての心で向き合うんだ。音楽の中に宝物を見つけられるのは、心が新鮮なときだけ。どんなときも、キラキラしていなさい。そうしたら、キミの音楽もキラキラしてくるよ』って」

雅人は感心しきりといったふうに何度も頷く。

「先生、こんな話もしてくれたわ。何百回と見てきた楽譜でも、新しい発見をすることがある。それは、一回心をまっさらにして新鮮な気持ちで向き合ったときに見えてくるものだって」

「それわかる。僕はピアノに向かっているときより、居心地のいいカフェや公園のベンチで楽譜を眺めているとき、よく新しい発見をする。たぶん、楽譜に向き合う人の心に関係してるんだろうね」

「そうよね。先生は、毎回のレッスンも同じだっておっしゃるの。10年来の生徒でも、初めて会ったときの気持ちで向き合うと、生徒の新しい面が見えてくる。だからいつまで経っても驚きの連続だよって」

さすが一流指導者と呼ばれる人は違う、と雅人は思った。

「そうそう、こうも言ってたわ。『**教える者の心が動いていなければ、生徒の心を動かすことはできない**』って。先生は感動屋さんなのね。レッスンでもよく涙ぐんだり天を仰ぐようなしぐさをするし……純粋に、生徒の成長とか音楽に感動しているんだと思う。音楽に向き合う気持ちも、人と向き合う気持ちも同じよね。逆に言うと、心の持ち方ひとつで見え方も感じ方も変わってくる。『常に初めての気持ちで向き合え』っていう先生の教えは、私の生き方にも影響を与えていると思うわ」

少し前の雅人なら、「ドイツの音大の学生と街のピアノ教室の生徒とでは、そもそも質が違う。一緒にされちゃたまらないよ」、そんなふうに一蹴していただろう。でも今は、大切なことに気づかせてくれているのだと、真摯な気持ちで人の言葉に耳を傾けられるようになっている。

時間は濃密であればあるほどすぐに過ぎ去る。いつの間にか、新幹線は品川駅に滑り込もうとしていた。アナウンスとともに、一斉に乗客が荷物棚に手を伸ばし始める。東京駅まで行く羽留奈とはここでお別れだ。

「いい話を聞かせてくれて、今日は本当にありがとう」

「こちらこそ。三上君、なんかちょっと変わったかもね」

「えっ、そうかな……」

「きっといろいろうまくいくわよ。お互い頑張ろうね。ほら、もう品川着いちゃうよ」

結局最後まで羽留奈にペースを握られた。気の利いた言葉ひとつかけられずに、雅人は新幹線から降りる。発車のベルが響くホームで、窓越しに羽留奈が手を振るのを見送った。雅人はその手が見えなくなるまで立っていた。

心に灯りをともす

佐伯宗一郎との約束であるタイムリミットまで「10日」。あとひとりで課題はクリアだ。順調に進んでいたため悠長に構えていた雅人だったが、ここへきて焦りが出てきた。話を聴く先生のあてがまったくないのだ。直近で受講できるセミナーもない。

やるせない気持ちでアルバイトから帰ってきた雅人は、パソコンでメールチェックをする。特に重要なメールがないとわかり、パソコンを閉じようとしたとき、ふと思ってフェイスブックを開いた。友達とのつながりや投稿を楽しんだ時期もあったが、最近はすっかりご無沙汰だ。単純に疲れるのだ。友達とはいえ、ちょっと自慢が入った投稿ばかりが並ぶと、もやもやしてくる。ネガティブな投稿も容赦なく目に入ってくる。みんなが好き勝手にしゃべり続ける部屋で、入り乱れる感情に飲み込まれそうになるのに辟易して扉を出る……フェイスブックを見た後は、いつもそんな気分になる。

でもまぁ、たまに見るのもいいかとタイムラインを追ってみる。あの子は今度コンチェルトをやるのか、このラーメン美味しそうだな、あいつはついに結婚か……。タイムラインをスクロールしていくと気になる投稿があった。音大時代の同級生だ。もう何年も会っていない。フェイスブック上では友達になっていないので、誰かのシェアでこちらに流れてきたのだろう。

なんとなく気になってその同級生の投稿をさかのぼってみる。どうやら彼は、宇都宮で教室を経営しているらしい。講師も雇い、100名を超える生徒が在籍しているようだ。もともとピアノは達者だったが、経営の手腕もあったとは……。

少し逡巡して、雅人はその同級生にメッセージを送ってみた。すると、あっという間に返信が来た。しかもとてもていねいだ。その場で何度かやり取りするうちに、同級生が「どう？

よければ宇都宮に来ない？」と言ってきた。正直、彼の教室を見てみたかった。ぜひ、というメッセージを送ると、じゃ明後日ではどうかという返信。ちょうどアルバイトも休みだ。待ち合わせの時間と場所を決めて、雅人はログアウトした。新しいウィンドウを立ち上げると、宇都宮行の電車を調べ始めた。

＊　＊　＊

湘南新宿ラインに乗って宇都宮駅へ。雅人は尻にしびれを感じながら電車を降りた。座りっぱなしはさすがに身体にこたえる。交通費節約のため、新幹線は使わなかった。初めての宇都宮。改札を出て、待ち合わせの場所へ向かう。同級生が迎えに来てくれる約束だった。赤のローバーミニクーパーだからすぐわかる、とメッセージにあった。本当に車はすぐに見つかった。雅人に気づいたようで、車の中から手を振っている。ドアを開けて助手席に座ると新車の匂いがした。

「三上君、久しぶりだね！　元気そうで何より」

「ほんと、久しぶり！　暑い中迎えに来てくれて、ありがとう」

雅人が助手席のシートベルトを締めたのを確認すると、バックミラーを一瞥してスムーズに車を発進させた。さすが宇都宮、餃子専門店の看板が目立つ。

彼の名前は、結城翼（ゆうき　つばさ）。音大時代のピアノ科の同級生だ。雅人の学年は例年になく男子が多く（それでも女子の10分の1の人数だったが）、個性的なやつが集まっていてそれは楽しかった。イケメンの部類の結城は、女子にはもちろん人気があったが、飾らない人柄で男友達も多かった。頬までかかるサラサラヘアーをかき上げるのが彼の癖だったが、今はすっきりとした短髪に変わっていて驚いた。あまりに暑いから、最近ばっさり切ったそうだ。

車中では音大時代の共通の友人の話題で盛り上がった。彼は情報通のようで、ほとんどの同級生の動向を把握していた。その多くが音楽の道で頑張っていることに驚き、そして嬉しかった。厳しい音楽業界でみんなが活躍していると思うと、勇気が湧いてくる。

10分ほど走っただろうか、結城は駐車場に車を停めた。靴底からもアスファルトの熱が伝わってくるようで顔をしかめた。そこは商店街に間近い月極駐車場。「ここだよ」と指差す先には、打ちっぱなしの外壁がオシャレな3階建てのビル。1階はフラワーショップで、色彩豊かな切り花や鉢花、そして観葉植物が並んでいる。いい香りが鼻をくすぐる。

彼の教室は2階で、階段を上がるとすぐに教室の入り口だ。濃いグレーの壁には「結城ピアノスタジオ」の切り文字がライトで浮かんでいた。スリッパを履いて教室に入ると、ポップな配色の壁紙やカーペット、L字型のソファに木製のテーブル。奥のほうにはパステルカラーのキッズチェアが並んでいる。本棚にずらりと並ぶ音楽書。子ども向けの本の多さが目を引く。窓際にはウォータークーラーが置いてある。

「ちょっと座ってて。今コーヒー淹れるから」

結城はパーテーションで仕切られた部屋に入っていった。そこが給湯室なのだろう。座っているのも落ち着かないので、雅人はゆっくり教室を見て回る。入ってすぐのこの場所が待ち合いスペースで奥がレッスン室、そんな作りのようだ。レッスン室は防音になっていて、重そうな扉が2つ並んでいる。奥の部屋のほうが少し広く、グランドピアノのほかにホワイトボードや積み重ねられた丸椅子も見える。

香ばしい香りが漂ってきた。雅人は待ち合いスペースに戻る。しばらくして結城が赤のトレイにコーヒーカップをのせて出てきた。

「それにしてもステキな教室だね。驚いたよ……」

「はは、ありがとう。ここまでにはいろいろあったけど、やっと理想の教室に近づいてきたかなって感じだね」

「立地もよさそうだし、センスもいい。これは生徒が集まるだろうね。もしかして結城君がビルのオーナーとか？」

「まさか！　毎月頑張って家賃払ってますよ。オーナーさんとは偶然出会ったんだけど、すごく音楽に理解のある人でね。いろいろ無理を言ってこんな感じにしてもらったんだ」

「それって、結城君は信用できるってオーナーさんが思ったってことだよね。すごいよ」

白いカップに口をつけると、ほどよい苦みに芳醇な香りが口と鼻に広がる。きちんと豆から淹れた味だ。なんでも、一つひとつにこだわる彼の姿勢を感じた。

「いやいや、まだまだ。レッスンも経営も、勉強しなければいけないことがいっぱいだけど、それが楽しくてね。三上君のほうはどうなの？」

雅人は一瞬言葉に詰まったが、正直に近況を伝えた。黙って話を聴いていた結城は、長い脚を組み替えて言った。

「三上君は正直でいいよね。昔からちょっと斜に構えるところはあったけど、感情がすぐ顔に出ちゃうっていうか。学生の頃からそう思ってた」

褒められているのか微妙な感じで、反応に困っていると、

「正直で素直なことは、成功するための第一条件……ってゴメン、これはオーナーの受け売り。オーナーは僕のメンターみたいな人」

「メンター？」

「師匠みたいな存在かな。教えを乞いたい尊敬できる人、目標とすべき人。人柄とか考え方とか、とにかくすごい人だと思ってる」

メンターか……雅人の脳裏に佐伯の顔が浮かぶ。

「ところで、結城君がレッスンで大切にしてることって何？」

「はは、いきなりの漠然クエスチョンだね。でもそういうの、嫌いじゃないよ。自分が試され

ているような質問には、かえって意欲が掻き立てられる。そうだなぁ……」

腕組みをしながら窓の外を見て、彼はしばらく考えた。

「**小さいことも大きな心を持ってすること**」

「それって、どういう意味？」

「僕らってさ、何万人の心を揺さぶることはできないかもしれないけど、目の前の人を笑顔にすることはできる。その積み重ねじゃないかな、仕事って。下のフラワーショップの店長さんを見ていて、いつも思うよ。彼女はお花を通じてお店を訪れたお客さんを笑顔にしてるんだよ。そして彼女が手渡したお花は、どこかで別の誰かを笑顔にしていく……。ピアノのレッスンも同じだよね。言うなれば、ピアノのレッスンはキャンドルサービスだと思うよ」

「……結婚式のあれのこと？」

結城は二度ほど頷いて話を続ける。

「灯りをともされたテーブルの人って笑顔になるよね。ひとつずつ灯りをともしていくと、暗かった部屋が明るくなっていく。僕はね、**教室に笑顔という灯りをともすのがピアノ指導者の役目だと思うんだ。生徒の笑顔が増えると教室はどんどん明るくなって、自然に生徒も集まってくるんだよ。**

不思議なんだけどさ、教室が明るくなると地域の人もそれを感じ取るみたい。でもそれって、先生というたったひとつのキャンドルから始まるんだよね」

「ピアノのレッスンはキャンドルサービスかぁ……いいたとえだね」

雅人はバッグからノートを取り出しメモする。

「だからさ、教える側はいつも心に灯りをともしていなきゃいけないと思ってる。その灯りを毎レッスン、生徒に渡し続ける。もちろん、時には厳しいことも伝えなきゃいけないけど、そこに愛情があるかないか。教室に広がる灯りは『愛情』からしか生まれないと思うんだ」

褒めることも愛情であれば、叱ることも愛情。同い年なのに結城は指導者として一歩も二歩も先をいっている、と雅人は思った。

ブログは生徒へのラブレター

「三上君は、ブログとかやってるの？」

「いや、やってないね。何を書けばいいかわからないし……」

「もし、生徒を集めたいんだったら、ブログは必須だと思うよ。しかも文章のうまい下手は、あんまり関係ない。『伝えるコツ』さえわかればね」

「そ、そうなの？　よければ教えてくれないかな」

「ブログはね、何も考えないで始めちゃうと、ただの日記になってしまう。でも、『たったひとつのこと』を決めると、共感を集める教室メディアになっていくんだ。しかも、自分もダンゼン書きやすくなる」

「……気になるね」

「それは、『誰に読んでもらいたいかを決める』ってこと。さらに言うと、『もっとも教室に来てほしい理想の人』かな。その**理想の人をイメージして、その人に伝えたい！　と思って書く**と、不思議にそういう人が集まってくるんだ。ビジネスの世界では、理想の顧客の人物像を『ペルソナ』って言うんだけど、ピアノ教室でもペルソナを決めることは大事だと思う」

結城はいろいろ知ってるなぁ。雅人は初めて聞いたその言葉をノートに書き留めた。

「たとえば僕は、小さい子を教えるのが好きだから、子どもでペルソナを描いてもいいんだけど、結局ブログを読むのは、子どもではなくてお母さんのほう。だから、僕の場合は、こんなお母さんを『ペルソナ』として決めているんだ。

『教室の半径1キロ以内に住んでいる35歳のお母さん。上の子は4歳で幼稚園の年少、下にもうひとり、2歳の子どもがいる。最初の子の出産と同時に会社を辞めて、今は子育てに専念中。自分も夫も、子どもの教育には熱心なほう。躾もしっかりしていて、褒めることの大切さも、叱るべきときに叱ることの大切さもきちんとわかっている。明るく前向き。気さくでアクティブ。感謝の気持ちが自然に言動となって現れるタイプ。周りへの気配りができ、言葉遣いはていねい。着るものにも気を使っている。幼稚園の役職も快く引き受けるような人で、ママ友からも慕われている。自分も小さい頃にピアノを習っていて、子どもができたら習わせたいとずっと思っていた。できれば個人教室の先生を希望していて、近くにいい先生がいないかリサーチを始めたばかり』ってこんな感じ」

「そ、そこまで細かく決める必要あるの？」

「もっと詳しくてもいいと思うよ。髪型とか生活レベルとか。でもどう？　こんな感じのお母さんかなって目に浮かんだんじゃない？」

「うん、理想高すぎかなって思ったけど、そんなお母さんが来てくれたらいいなとリアルに思っちゃったよ」

「そう、まさにそこなんだ。ペルソナは架空の人物だけど、実在する人をイメージして作ったほうが早いよね。僕も、ある生徒のお母さんをイメージしてペルソナを作ってみたんだ」

「でも、そのペルソナを作ることで、ブログの内容がそんなに変わってくるものかな」

「メッセージ性がまったく違うね。不特定多数の人に向けてブログを書くのと、さっきのお母さんをイメージして書くのとでは、書く内容も言葉の選び方も、思いの強さも違ってくる。そう思わない？」

「確かに言われてみれば、全然違うだろうね。公の文書とラブレターくらいに」

「そう！　それだよ。**ブログはまだ見ぬ生徒さんやお母さんへのラブレターなんだ。具体的にイメージして書くと、思いをピンポイントで伝えやすくなる。**どういうメッセージに反応するかも、なんとなく見えてくるんだ。誰からも愛されようとする人は、誰からも愛されない、とか言うけど、ブログでも同じ。誰にでも好かれようと思って書くと誰にも届かない。ありきたりで曖昧な文章になるからね。八方美人じゃなくて、たったひとりに愛されればいいって感じかな」

ふと雅人の脳裏に羽留奈の顔が浮かんだ。顔が熱くなるのを感じて、雅人は慌ててコーヒーをひと口飲んだ。

「ブログを書くって、言ってみれば集めたい人を選ぶってことなんだ」

「うーん、進学塾でもないのに、街のピアノ教室の先生がいいのかなって、ちょっと抵抗があるなぁ。親と子は別人格だって話もあるし、親で選んじゃっていいのかって……」

結城は座り直すと、言葉を続けた。

「人物像を絞り込んでしまっては、その他の人を切り捨ててしまうことになるんじゃないかってことだよね？」

「うん。そもそも、ひとりでも多く生徒を集めたいと思っている人には、絞り込むのは逆効果なんじゃないかなぁ」

「僕も最初はそう思ってた。でもこれは『考え方』なんだ。たとえば、街を歩く人にむやみに声をかけても、立ち止まる確率はおそろしく低いよね。でも『私はこんな人のお役に立ちたくてこんなことをしています！』ってアナウンスすれば、興味のある人、共感する人は立ち止まる。数打ちゃ当たるじゃなくて、的を絞って矢を射る感じかな」

「絞り込むことで、生徒側も『こんなはずじゃなかった』みたいな結果にならずにはすむよね」

「そう、自分の書くことに共感してくれる人だけが集まってくるわけだから、教育方針の食い違いみたいなことは起こりにくくなる。つまり、『ブログの本当の目的』を知っている人は、上手に生徒を集めることができると思うんだ」

雅人はメモを取り続ける。

「いずれにしても、ブログは始めたら書き続けることだね。最新記事が3年前のものだったら、訪れた人が受ける印象はどう？」

「長続きしないタイプなのかなとか、教室がうまくいってないのかなとか……」

「そんなふうに思われたら、かなりもったいないよね。だからといって、別に毎日更新する必要はないと思う。大事なのは自分のペースを見つけて、無理のない更新をしていくこと。ブログは続けることが信頼につながると思うから」

結城の話は、言葉の重要性に移っていった。

「文章って、絶対人柄とか性格が出ちゃうからね。思いやりがある人は、その優しさが文章にも表れるだろうし、満たされていない人の文章は攻撃的になりがちだし、疲れている人の文章にはネガティブな言葉が並びやすいし」

「書くテクニックを磨く以上に、人間を磨くほうがもっと大切かもしれないね」

「その通りだよ。僕はどんな文章も自分の『分身』だって思ってる。良くも悪くも、その『分身』が自分に似た人を引き寄せる。よくさ、SNSで愚痴やネガティブなことを書く人もいるけど、絶対にやめたほうがいい。自分の『分身』が愚痴の多い人、批判的な人、ネガティブな人をグイグイ引き寄せちゃうから」

有益な話をたくさん聞けた雅人は、美味しい料理を食べたときの満足感に似た思いに浸っていた。はるばる宇都宮まで来て良かった。


結城が腕時計を傾けたのを見て、もうかなり時間が経ったことに気づいた。

「ごめん、すっかり長居しちゃったね。今日はありがとう！　いい刺激をもらったよ」

「いやいや、こちらこそありがとう。これを機に、これからも互いに情報交換し合おうよ。お酒でも飲みながら。そうそう、池袋にさぁ、いいお店があるんだ。井之脇先生が連れてってくれたお店なんだけど、雰囲気良くて美味しいのに良心的な料金でね。あ、井之脇先生って音大にいたの覚えてる？」

そうか、結城君の師匠は井之脇先生だったのか！　雅人も3年のとき、室内楽の授業でお世話になった。

その瞬間、雅人はピンときた。

「もちろん覚えてるけど、結城君は先生とまだつながってるってことだよね？」

「うん、卒業してからもレッスンに行ってるし、先生のリサイタルの後に食事に誘われたり……でもなんで？」

雅人は、佐伯からの課題の件を含めて、これまでの成り行きをざっと説明した。井之脇先生は著名なピアノ指導者だし、できれば紹介してほしいと。結城はしばらくあごに手を当て思案していたが、おもむろに立ち上がると、ズボンのポケットからスマートフォンを取り出した。

「運が良ければ、つながる、かな？」と耳をあてながら、再び椅子に腰を下ろし、

「……やっぱり仕事中か」

と残念そうにつぶやいた瞬間、いきなりガバッと立ち上がった。

「井之脇先生！　結城です。はい、ええ、先日はごちそうさまでした。あはは……いえ、今日はショパンのことではなく……ええ、別件で先生にお願いがあって電話させていただきました……いえ、はい……先生にお話をお聞きしたいっていう友達がおりまして…」

結城はしばらく話を続けると、ちらっと雅人を見て「オーケー」のサインを出した。

「ありがとうございます。ではそのように伝えますね。はい、あはは……例の件も進めておきますので。はい、では失礼いたします」

電話が切れたのを目と耳で確認し、通話終了のボタンを押す。

「三上君、良かったね！　先生会ってくださるってさ」

「ほんと⁉　いやぁ、滅茶苦茶助かるよ」

結城の素早い行動。この行動力が彼の人生の新しい扉を次々と開いて、世界を広げていったんだろうなと思った。結城が電話を切る際に言っていた「例の件」が妙に気になるが……。

「でも大丈夫？　井之脇先生って朝早いので有名でさ、明日の朝7時に自宅まで来てくれって。朝の7時なら、さすがに予定はないだろうと思って、三上君の予定も確認せずに電話切っちゃったけど」

「明日！　しかも朝の7時って……いや、でも、もちろんうかがうよ！　本当にありがとう」

「いやいや、お役に立てれば僕も嬉しいよ」

教室の入り口で別れるときに、小学生らしき女の子が階段を上がってきた。「こんにちは」と頭を下げて挨拶をしてくれた。生徒を笑顔で迎える結城。結城に手を挙げて雅人はビルを出た。数歩離れたところで振り返ってビルを見上げる。

（いつかはこんなふうに教室を構えたいな……）

雅人は久しぶりに自分の心がやる気で満たされるのを感じた。明日も朝が早い。帰りは新幹線代を奮発して、早く帰って寝ることにしよう。

レッスンで本当に学ぶべきこと

時刻は朝の6時45分。雅人は、成城学園前駅から目的地に向かっていた。久しぶりに乗った小田急線。下りはさすがに空いていたが、新宿方面行きはこの時間でも、もうかなり混んでいた。

「世の中の人はこんな朝早くから活動しているんだ……みんな仕事に行くんだろうな」

いつもは昼前まで寝ている自分が、なんだか恥ずかしくなってきた。本気で改心しなきゃ、そう思った。


井之脇秀人（いのわき ひでと）先生は、雅人の母校の教授。海外のコンクールでも認められた実力の持ち主で、名実ともに人気のピアニストのひとりだ。話上手で、トークコンサートはシリーズ化されるほどの人気。音大生からの評判もすこぶる高く、なんとしてでも井之脇先生につきたいと熱望する学生も少なくない。

音大時代、雅人は室内楽のレッスンを受けたことがある。ただ、片手の指で足りるくらいの回数だったし、きっと先生は覚えていないだろう。雑誌の取材でもなければ、アポイントが取れないくらいの人。結城はそれだけ先生から信頼されているということだ。何があっても、結城には迷惑をかけられない。

井之脇先生の自宅は、成城学園前駅から歩いて7分の閑静な住宅街にある。朝からこの暑さで、道行く人たちはすでにうんざりした表情。毎晩続く蒸し暑さ。都内に住む人のほとんどは、寝不足に悩まされているに違いない。スマートフォンの地図を頼りに路地を進む。どの家も一生自分には買えそうにないだろう構えと佇まい。塀の高さや立派な門が、寄せ付けまいと威圧しているように思えた。

先生の自宅はさらに路地を進んだ、少し奥まったところにあった。高い格子門の先に、玄関までのアプローチが見える。ハンカチで額と首に噴き出た汗を拭いてから呼び鈴を押す。「どうぞ」という声が聞こえて、格子の門が音を立てて開いた。全体的に白を基調とした建物は、年月を経ることでしか出せない深い味わいを感じさせる。木目がはっきりと浮き出た扉の前まで来ると、雅人の緊張はすごい勢いで高まった。

しばらくして扉が開く。笑顔の井之脇先生が姿を現すも、まずはその格好に驚いた。ブルーのTシャツに黒いスウェットのショートパンツ。Tシャツの胸の部分には、縦書きの味のある筆文字で「本日の主役！」と大きくプリントしてある。首には肌触りの良さそうな白のスポーツタオル。体は引き締まっているが、どう見てもスーパー銭湯でくつろぐおじさんだ。音大での高級なスーツ姿の印象しかなかったので、そのギャップの補正に時間がかかった。

「どうぞー。三上さんだね。朝早くに悪いねー」

ひんやりした広い玄関に、井之脇先生の高めの声が響く。玄関に据えられているアンティークなキャビネットと小さな椅子がエレガントな雰囲気を漂わせている。足元には、空間に不似合いな使い込んだランニングシューズが揃えて置いてあった。

井之脇先生が雅人を案内する。背が低く、肩を左右に振りながらひょこひょこ歩くその後ろ姿に、アニメのキャラクターを想起した。レッスン室に入る。2台のフルコンがあっても、まだ空間に余裕を感じる広さ。コの字型に据えられたソファを勧められ、遠慮がちに隅っこに座る。井之脇先生はレッスン室を見渡せる窓際に座った。そこが先生の指定席なのだろう。

ショートパンツからは鍛えられたふくらはぎが覗いていた。首にかけられていたタオルで首回りを拭くと、屋台のおじさんがよくするようにタオルをTシャツの襟に入れながら、井之脇先生は言った。

「毎朝ランニングをしてってね、シャワーを浴びた後は、いつもこんな格好」

「健康的な生活をされているんですね」

「いやぁ、朝は最高だね。僕は毎朝5時から活動しててさ。1時間くらいランニングして、帰ってきてシャワーを浴びてピアノをさらう。これ、絶対おススメよ、ホント。脳がフレッシュで、ガンガン音符、入ってくるから。インスピも湧きまくり。一度ハマると病みつきよ」

音大での初レッスンの日、この独特な口調のマシンガントークに戸惑ったことを思い出して、頬がゆるむ。話の途中で奥さんと思われる方がコーヒーを運んできた。とても若い。雅人と10歳も違わないかもしれない。先生は50代後半のはずだから、年の差婚だろうか。

「あなた、またそんな格好で……」

あきれ顔と微笑がミックスされた表情。いつものことなのだろう。雅人の前に来るとにこやかな顔でソーサーにのったカップを置く。

「驚いたでしょ、あんな格好で。しかもこんな朝早くにお呼びたてして、ごめんなさいね」

謝りながらも、なんだか嬉しそうだ。きっと早朝の来客にも慣れているのだろう。ごゆっくり、という言葉を残して奥さんが静かに部屋を出ていく。

井之脇先生は雅人にコーヒーを勧めると、自分のカップにミルクをたっぷり入れてズズッとすすった。雅人が音大で室内楽のレッスンを受講したことがあると告げると、驚いたことに先生は覚えていた。シューマンのヴィオラの作品だったことまで記憶していて、雅人は感激した。ヴィオラの友人も喜ぶだろう。自分を覚えていてくれることはこれほど嬉しいものなのか。しばらく話をしたあと、井之脇先生は思いついたように尋ねた。

「で、三上さん、今日はなんのご用でしたか」

「あ、はい。えっと、あらためまして、今日は、先生のような著名な方にお時間をいただけましたこと、心から…」

「わはは、まあまあ三上さん。堅いことはなしなし。というか僕は著名でもなんでもないし。しかもこの格好じゃ何を言っても説得力ゼロ。がっははは！」

「では、さっそくで恐縮ですが、質問に入らせていただきます……」

雅人はバッグから急いでノートを出すと、単刀直入に尋ねた。

「井之脇先生が、レッスンでもっとも大切にしていらっしゃることをお聴きしたいと思いまして……」

一瞬キョトンとした井之脇先生は、再びがははと笑って、

「質問も堅いねぇ！　いやいや、でも今日このあと、雑誌の取材が入ってるから、その予行演習になってバッチリバッチリ！」

茶化しているようで、全然嫌な感じがしないのが不思議だ。先生の魅力のひとつなんだろう。井之脇先生は考え込むことなく、すぐに答えた。

「ま、ひと言で**美学を持っていること**かな。どんな業界でも、プロって言われる人は、自分なりの美学を持っている。譲れないものっていうかね。自分だけの世界観っていうか。しかもそれが卓越している」

さっきとは口調も変わって、先生は真面目にそう答えた。

「レッスンを受けに来る人ってね、先生の美学を学びに来るんだよ。僕が日本やドイツの師匠から学んだのは、まさにそれだったと思ってる。もちろん、奏法やテクニックもあるけど、もっとなんていうかなぁ……メッセージみたいなもの？」

「メッセージ……？」

「ピアノの演奏ってメッセージだよね。偉大な作曲家たちが残した音楽を、知識と経験という

翻訳機を通して、自分なりの美学を織り交ぜたメッセージとして伝える。ピアニストとしてこれだけは伝えたいっていうメッセージ……聴衆はピアニストが奏でる音楽からそのメッセージを受け取る。だから聴き手はそれぞれに何かを感じるんだよ。

演奏から何かを感じるって、メッセージ性のことなんだよ。自分なりの美学を持っている人は、メッセージ性も強い。そこに生き様を感じるからだ。レッスンを受けるって、それを学ぶっていうか浴びることだと思うんだよね。だからさ、レッスンする側の人間は美学を持ってなきゃいけない」

ノートを取りながら、井之脇先生のレッスンの興奮が甦ってきた。自分の内側からこみあげてくるものを抑え切れないといった感じで、体ごとぶつかってくるような気迫。音楽とはどういうものか、音を奏でるとはどういうことか。

まだ道半ばの今の雅人には少し高度だったが、井之脇先生は確かに、作品の解釈においても、自分なりの考えをはっきり持っていて、それゆえ、その説明にも演奏にも説得力があった。わずか数回のレッスンだったが、その博識ぶりには感動しきりだった。

本当に理解しているのかと問われれば心もとないが、井之脇先生のレッスンで雅人は多くを感じ取った、その事実こそが、先生が「美学」を持っていて、自身の「生き様」をレッスンで見せてくれていたという証ではないか。

その後も、井之脇先生は時間が許す限りいろんな話をしてくれた。びっしり書き込まれたノートは、先生との時間の濃密さを表しているかのようだ。特に「自分が好きかどうか」という話は深かった。ありのままの自分を受け入れ、自分にオーケーを出す。自分を大切にできて、初めて人のことも大切に思えるようになる。「私」という器を満たすことが大事だと力説していた。

軽いノックの音が聞こえると、奥さんが「あなた、そろそろ……」と扉から顔を出しながら告げる。残念ながらタイムオーバーのようだ。もっと話を聞きたい衝動を抑えて、雅人はいそいそと帰り支度をする。先生と奥さんが玄関の外まで見送ってくださった。清楚な服装と、井之脇先生のスーパー銭湯な格好とのギャップが微笑ましかった。格子の門のところまで来て振り返ると、２人が笑顔で手を振っている。幸せそうでなんだかいいな……最後のおじぎをして雅人は駅に向かった。外は相変わらず強い日差しが降り注いでいる。ふだんならうんざりな暑さも今は心地良く感じる。

（これで課題をクリアしたぞ！）

帰宅したら、さっそく佐伯さんにミッション達成の連絡をしよう。雅人は爽快な達成感に浸っていた。

第四章

APPASSIONATO

念願の講義が始まる

地上32階から見る東京。見渡す限りびっしり埋め尽くされた灰色の建造物。無機質な景色は、フィレンツェのドゥオモの頂上から見たそれとは違うが、人間の営みに内在する美しさも見え隠れする。お盆が明けて、すでに数日。ようやく平常を取り戻したかのような都心。残暑厳しい毎日だが、暦の上ではもう初秋。雅人の好きな季節が、ようやくやって来る。

雅人は、1カ月前に佐伯と再会したホテルのラウンジにいた。緊張の面持ちで窓ガラスに広がる青空を眺める。青は心を落ち着かせる色だと聞いた。ふぅーっと深呼吸をしてみる。テーブルには水の入ったグラス。そして、いつものオレンジ色のノート。使い込んだ感が表紙の角に表れている。

いよいよ、佐伯の講義が始まる。雲の上の存在とも言える佐伯から、直接講義を受ける権利を掴み取った。緊張するなと言われても無理な話だろう。

コツコツと軽快な革靴の音が聞こえてきた。雅人は顔を上げる。足早にこちらに向かってくる男性。精悍な顔立ちと変わらぬ笑顔。片手を軽く挙げて近づいてくる。雅人はソファから立ち上がる。

「お待たせしました、三上さん。お久しぶりですね」

「おはようございます。またお会いできて嬉しいです。や、やっとこの日が来たという感じです」

「ははは。まあそう力まないでください。ピアノと同じ、脱力したほうがなんでもうまくいきます」

佐伯の落ち着いたトーンに、少しずつだが安心感が広がってくる。ソファに腰かけるタイミングでウェイターが近づいてくる。佐伯がカプチーノを頼む。雅人はアイスカフェオレをオーダーした。今日の佐伯は、グレイブルーのチェックのスーツにゴールドブラウンのネクタイ。初秋を感じさせながらもスタイリッシュな雰囲気を漂わせている。

「まずは、お疲れさまでした。よく課題をこなしましたね」

「は、はい、ありがとうございます。佐伯さんのアドバイスのおかげです」

「それで、やってみてどうでした?」

「すごい学びの連続でした。1カ月で5年分くらいの学びがあったんじゃないかなと思うくらいです」

飲み物が運ばれてきた。佐伯はウェイターと目を合わせてありがとうを伝える。

「さて、ではどんなお話を聴いてきたのか、ざっと教えてくれますか?」

雅人はメモでぎっしりのノートをめくりながら、たくさんの「教え」を目で追っていく。先生方の顔が次々と浮かんできた。なるべく要点だけを伝えようとしたが、話はあちこち飛んだ。

佐伯はときどき軌道修正をしながら、にこやかに話を聴いてくれる。ひと通り話し終えると、佐伯は満足そうに言った。

「うん、素晴らしい。本当に価値ある話が聞けたようですね」

「はい。あの、一番感じたのは、どの先生も『ピアノ指導者としての生き方』を大切にしていることです。それがレッスンに直結しているというか……」

「よく気づきましたね。私が無理難題を押し付けたのは、そこに気づいてほしかったからです。ピアノを教える人間として、どう生きていくのか。自分は何を大切にし、どうありたいのか。この部分がしっかりしていないと、レッスンも教室運営もうまくいきません」

佐伯は、少し冷めたカプチーノをシナモンスティックでかき混ぜる。独特の香りがかすかに漂う。

「そうした『指導者マインド』が、教室やレッスンを支える土台になるんです。大変なことがあったり、迷ったりしても、自分の中にしっかりとした軸があれば揺らがない。ぶれずに美しく回り続けるコマのようにね」

「なるほど……」

「『信念』という漢字は、『今の心を信じる』と書きます。自分を信じて決めた生き方があるからこそ、信念を持っている人は強いんですよ」

雅人には、ピアノを教える人間として何を大切にすべきか、まったく見えていなかった。ピアノを教えて生きることの意味を少しも理解していなかった。いつも迷子になった子どものように不安で、あてもなくさまよっていた。雅人はペンを走らせながら、「軸」と心の中で復唱した。

「生徒を集めるスキルは後でいいんです。重要なのは、スキルの前に自分自身を磨くこと。心構えがしっかりしていなければ、いくらスキルを学んでもうまく活用できません。生徒が集まってもすぐに離れていく。だから私はあなたに課題を与えたんです」


佐伯は雅人をしっかり見つめたまま話し続ける。

「この1カ月で、三上さんは大きく成長したと思います。あなたを見ればわかります。キラキラした目をしていますね。私はその学びの姿勢を期待していたんですよ」

「ありがとうございます」

佐伯は一度居ずまいを正すと、再び雅人のほうに視線を移した。

「それでは、今日から来年の春までの半年間、1カ月に一度のペースで成功するための10のポイントをお話ししていきます。半年かけて、あなたは実践しながら学んでいくことになります。いいですか?」

「はい！　よろしくお願いします」

「ただ、2つだけ約束してくれますか。まずひとつは、あなたには並行してピアノ指導法も一から学び直してほしいんです」

「私もインタビューを通して、指導法を学び直す必要性を痛感しました。ちょうど今月末から小野上先生が、あ、お話をうかがった先生なんですけど、連続講座をスタートされるので、思い切って受講を決めたんです。講座の期間が確か……半年だったと思います。初めて使う導入教材なんですが、これだ！ってピンときたというか……来年の春までには、指導法と教室運営の土台を作っていきたいなと考えていたところなんです」

「いいじゃないですか。すでに次の一歩を踏み出していたんですね。教室運営は、指導力がすべての基礎ですから」

雅人は、後輩の高梨の言葉――指導者としてスタートする前に1、2年はじっくりと指導法を学ぶべきだ――を思い出していた。ただ、自分にはそれほど猶予はない。なんとか半年で教室をリスタートさせる。その覚悟はできているつもりだ。

「もうひとつは、あなたが学んだこと、これから学ぶことを、同じように悩んでいる人にシェアすること。それがお話を聞かせてくださった先生方への恩返しであり、業界への貢献につながっていくはずです。何より、それがあなたの学びを深める一番の方法でもありますしね」

「わかりました。どういう形でシェアしていくのがいいか、考えながら実践していきます」

満足そうな顔で、佐伯は頷いた。

「これから私がお伝えするのは、プロとしての職業人マインドです。家でいえば、建物を支える重要な基礎の部分にあたるでしょうか。どんな仕事をするにも重要なのは、あなたがどんな人間かという一点です。心が変われば思考が変わり、思考が変われば行動も変わります。三上さんはすでに変わり始めていますが、この半年でさらに大きく変わるはずです。そのときを楽しみにしていましょう。それでは早速、講義を始めましょうか」

雅人は背筋を伸ばして、「はい」と返事をした。佐伯はジャケットの襟を整え、前かがみになって指を組む。

自分の人生を取り戻そう

いよいよ始まるんだ。すべてを吸収してみせる。

「まずひとつ目。これはピアノ指導者に限らず、思い通りの人生を歩んでいくための大前提です。これを心の底から理解することがすべてのスタートとなります」

雅人は神妙に頷く。

「それは、

目の前の状況を作り出したのは自分自身【教え①】

ということです」

小野上良子先生の顔が浮かんだ。

「お話を聞かせてくださった先生もおっしゃっていましたね。自分の人生のすべてに責任を持つこと。まさにそこなんです。人は何か問題があると、自分以外のものに原因を見出そうとします。私のせいじゃないと、誰かや何かに責任をなすりつけようとする。たとえば、生徒が辞めたのは生徒の出来が悪いからだ、みたいな感じです」

自分のことを言われたと思って、雅人の体がビクッと反応した。

「目の前に起こることは、すべて自分自身が作り出したもの。これをまず認めるところから、人生の成功は始まります。では、これができるとどうなるか？　人生の主導権を握ることができるんです。誰かや何かのせいにして生きるのは依存。人生のコントロールを他にゆだねてしまっている、自分の船の舵を他人に任せてしまっているんです。それじゃ、思うところへ船を操縦できませんよね？

目の前の状況を作り出したのは私だと悟れば、すべての出来事への反応が自ずと変わっていきます。反応とは、考え方や行動のこと。何か問題があっても『原因はなんだろう？　解決のためにはどうすればいいだろう？』と考えられるようになる。こうした思考の変化が行動を変える。当然、得られる結果も変わっていく」

「おっしゃる通り私は、生徒がいなくなったのは、自分のせいじゃないと思っていました。いや、自分が傷つかないように、そう思い込もうとしていたのかもしれません。今のお話で、それでは現実が変わらないというのはわかりました。ただ……」

「ただ？」

「みんながみんな、佐伯さんのように強いわけではないですし、辛い現実を味わいながら『全部自分の責任だ』って考えるのは、もっと自分を追い詰めることになりそうで、正直怖いです」

そうですよね、といった感じで佐伯は首を縦に振る。

「ネガティブな出来事に不快になるのはわかります。もちろん私も、嫌な気持ちになることはあります。でも、いつまでも不満と嫌な感情を引きずるだけの人もいれば、自分を変えるチャンスだと人生の舵を奪い返す人もいる」

ひと呼吸おいて、佐伯はゆっくりと、諭すように言った。

「**誰もあなたの代わりはできません。あなたの人生は、あなたが変えるしかないんです**」

……そうだ。自分は人生を変えるためにここにいるんだ。言い訳しに来たんじゃない。リスクを引き受ける人間だけが前に進んでいけるなら、腹をくくるしかない。

「余計なことを言ってすみませんでした。私は物事をネガティブに捉えやすいタイプなんです。

一気に自分を変えるのは難しいかもしれませんが、チャレンジしてみます」

「あなたは今、ご自分に正直に向き合いましたね。自分を客観的に見つめることは価値ある一歩です。大丈夫、一歩ずつでいいんです」

金色の腕時計をチラッと見ると、佐伯は続けた。

「まだ時間がありますので、２つ目をお伝えしましょう。これもピアノ指導者だけではなく、どんな人にも大切なことです」

本物の自信を手に入れる

雅人はノートを膝の上に置いて、佐伯が話し始めるのを待つ。

「２つ目は、自信についてです。三上さんは、自分に自信がありますか？」

どう答えればいいのだろう。謙虚になるべきか、強気に出るべきか……いや、佐伯が期待する答えは考えなくていい。雅人は目をつぶって、自分の気持ちに正直に向き合おうと努めた。

「……自信はなくはないと思います」

「なくはない……だけど？」

「いつも不安だったり、失敗したらどうしようと考えたり……ビクビクしているもうひとりの自分がいるっていうか……」

言い終えて驚いた。なぜだろう、不思議と安堵感が広がっている。

いつも強がって生きてきた自分。偽のプライドをまとっていた。でもそんなものはもういらない。自分に正直になれば、こんなにも心がラクになるのだから。

「自信ってね、思い込みなんですよ。あると思えばあるし、ないと思えばない。つまり、自分で決められるということです。根拠もいりません」

「そ、そうなんですか？」

「そうです。自分に自信がないと悩んでいるのであれば、あると思い込めばいい。

できる、できないを決めているのも自分自身【教え②】

なんです。自信があるというのは、いつも自分からイエスをもらえている状態。自分の心の中にいつも応援団がいるイメージですね。何か問題に直面しても、『大丈夫！　私は解決できる！』と思える。いわば自分への期待感です」

「自分に期待できる、そんな人間になれたらいいですね」

本当になれるのだろうか……半信半疑な顔の雅人を見て、佐伯はまた質問する。

「セルフイメージという言葉を知っていますか?」

「……私はこんな人間だと、自分に抱いているイメージのことでしょうか?」

「そうです。自分は落ち込みやすいとか、友達を作るのがうまいとか、そんな感じですね。一般的にセルフイメージが高い人は自信もあります。あるがままの私で大丈夫、私ならやれる!と思えるからです。だから自分のことも好きです。といってもナルシストとは違いますよ。ありのままの私をきちんと認めているってことです」

井之脇先生も話してくれた。やはり自分が好きかどうかは大事なポイントなんだ……。

「重要なのは、セルフイメージは『行動』と大きな関係があるという点です。セルフイメージが低いと『どうせ自分にはできない』と消極的になって、行動に移せないまま時間だけが過ぎていく」

「私は、セルフイメージが低いほうかもしれません。いつもネガティブ寄りですから……」

「もしかすると、ピアノの先生にはその傾向が強いかもしれませんね。子どもの頃から、譜面通り正しく弾くことを求められ、発表の場ともなれば、『間違うことイコール、マイナス』と刷り込まれてしまった。問題なのは、その刷り込みが『失敗を恐れるマインド』に変わってしまうケースです。間違うことはダメ、完璧じゃなきゃゼロ、みたいに無意識に考えてしまう。するとどうなるか。やる前からネガティブ思考になり、行動にブレーキがかかる」

「まるで自分のことのようです……」

「では、セルフイメージを高めるにはどうすればいいのか、ですよね？」

佐伯は脚を組み直しながら、ソファの背もたれに身をあずけ、言葉を続けた。

「それは子どもたちへの指導と同じ。小さな成功体験を積み重ねることです。ただ、私たちは大人ですから、その状況を自分で作っていかなければなりませんね。では、どうするか？　こうしようと決めたことを、きちんとていねいにやる。高い目標じゃなくていいんですよ。そうですねぇ、たとえば……挨拶は自分からするとか、口角をちょっと上げるように意識するとか……そんなことでいいんです。『よし！　今日もちゃんとできた！』という気持ちを得ることがすごく大事なんですね」

「そういえば、先生方と会う約束が取れる度に、大きな満足感がありました。もっと手が届きやすい目標だったら、達成感を味わう回数も増えていくでしょうね」

「そうです。ピアノの先生だったら、レッスン中、座っているときも歩いているときも、いつも背筋をスッと伸ばすようにするとか、季節にあった花や絵を玄関に飾るとか、声のトーンを高めにして明るい印象を心がけるとか、そんな感じでいいんです。**大切なのは、小さな成功でいいから、できた部分にフォーカスして自分を褒めてあげること。『よくやった自分』を認めれば、次の自分にも期待できるようになる。**時間をかけて積み重ねてこそ、自信は本物になっていきますから」

年齢を重ねると、他人から褒められる機会は減っていく。だからSNSで「いいね！」をもらいたがる大人が多いのかもしれない。でも、「自分にいいね！」ができればいいのか。

「自己受容という言葉を知っていますよね」

「えっと……自分を受け入れるということ」

「そうです、ダメな自分もひっくるめて、ありのままの自分でいいんだとまずは受け入れる。『私は大丈夫。私はよくやっている』、そんな感じですね。小さな成功体験を積んでいくうちに、そうした肯定的な言葉が自然に出るようになれば、しめたものです。あなたが会った5人の先生は、みなさんそうだったんじゃないですか？」

「おっしゃる通りです。あと、すごく自然に人を褒めるんですよ。私を聞き上手だと褒めてくださった先生もいました……」

「いつも相手や物事の良い面を見ようとする人は褒め上手ですよね。嘘偽りのない言葉なら、褒められたほうも嬉しい。ピアノのレッスンも同じです。

素敵な先生は、生徒の良いところを伸ばそうとするから、自然に良いところへ目がいきます。どんな僅かな成長も小さな努力も、それこそ本人が気づいていないような長所も見逃しません。だから生徒の心に、先生の言葉が響く。生徒のやる気も高まるわけです。

結局、根本的な考え方や見方が違うだけ。それらを変えれば世界は変わるんです」

「どんな出来事にも別の選択肢がある、ということですね。そして決定権はすべて自分が握っている」

「素晴らしい！」

「あ、ありがとうございます。でも、ほんとにその通りだと納得できました。いきなりは難しいかもしれませんが、いつも心がけるようにします」

「常に実践あるのみ、ですよ」


佐伯は腕時計を見た。

「三上さん、すみませんが時間です。また一カ月後に会いましょう」

雅人が感謝の気持ちを伝えると、佐伯はテーブルの伝票を取って立ち上がった。いつもおごってもらってばかりで恐縮だと慌てて言うと、「出世払いでいいですよ」と笑顔で去っていった。

ソファに座り直して、ふうとひと息吐く。初めての講義を終えて、少し放心気味だ。

（出世か……できるかな……いや大丈夫、きっとできる！　あ、これって根拠のない自信かも）

自然と口元がゆるんだ。

人生のミッションを掲げる

さっそく雅人は、次の日から「2つのこと」を自分に課した。

ひとつは、今までより早く起きること。これまでの雅人は、深夜にわたっての無意味なネットサーフィンや、だらだらとテレビを観てはソファで寝落ちする生活だった。当然、寝起きは悪いし朝も遅い。バイトぎりぎりにようやく起きて、急いで出かけることも少なくなかった。寝不足だから疲れやすいし、ピアノの練習にも影響する。だったらいっそのこと、生活をガラリと変えてしまおうと思ったのだ。

早起きを決めたのは、佐伯からのアドバイスも大きかった。雅人は、ホテルのラウンジでの会話を思い出す――。

「自信をつけるために、早起きはバツグンの習慣だと思いますよ」

「早起きですか……そういえば、お話をうかがった先生の中にも早起きの方がいました。朝ランニングをした後に、ピアノに向かうと最高だと」

雅人は、青いシャツ姿の井之脇先生を思い出していた。

「私も4時に起きて活動していますが、朝の生産性は夜の3倍はあると感じています。充分な睡眠で脳がリフレッシュしていますし、まだ世の中が活動し始める前の静かな環境は、クリエイティブな仕事をするのにもってこいです。時間の密度が違うんですよ。たとえばピアノの先生の場合は、最後のレッスンが終わる時間が会社勤務の方の帰宅時間より遅い場合も多いでしょうし、主婦の方でしたら、ご家族のために朝はお弁当作りや夕飯の下ごしらえ、洗濯、掃除などの家事に追われるでしょうから、制約はありますよね。誰もが自由に時間をやりくりできる環境にあるわけではないですけど、20分だけ早起きして譜読みや読書の時間にあてるというのなら、どうでしょう？」

朝4時は無理でも、20分なら続けられるかもしれない。

「早起きの習慣をオススメするのは、自己訓練になるからです。お伝えしたように、決めたことを自力で達成することで自信はついてきます。早起きを続けることは、自分を律することでもある。早く起きるには早く寝る必要がありますね。そのためには雑務や家事を効率化して時間短縮に努めたり、無駄に過ごしている時間がないか生活習慣を見直したりしなければならない。真冬の朝もあたたかいベッドから出なければならない。でもそれを続けることで、大きな自信につながっていくんです」

佐伯はひそひそ話をするように、体を近づけてこう言った。

「何より、朝の魅力を知ってしまったら、絶対にやめられなくなります」

そこまで佐伯さんが言うならと、独り身の気軽さもあって、雅人は思い切って5時半起きする【日課1】ことにした。正直、できるかどうか不安だったが、今のところ続けられている。早く寝るのと、寝起きのコーヒーをていねいに淹れることをルーティンにしたのが勝因だろう。起きたら美味しいコーヒーが飲める。たったそれだけでも楽しみが増えて、早起きのご褒美にもなった。

もうひとつ、自分に課したことがある。朝起きたら「できたことメモ」をつける【日課2】こと。これも佐伯のアドバイスだ。昨日できたことを手帳にメモするだけ。成功体験を思い出すことは、プラスの感情を引き起こす。プラスの感情は行動する気持ちにさせる。行動的になれれば、またできたことが増える。書き続ければ、できたことがどんどん増えて自信の種となる。朝、できたことをひとつメモするだけで、いいスパイラルが生まれるらしい。

やってみると、確かにこれはいい。子どもだましのようだが、前の日のことをポジティブに思い出せる上に、できたことを視覚化できる。時間もほとんどかからない。

朝の残りの時間は、ピアノの練習や教材研究にあてる。雅人が親戚から借りている家は、完全ではないものの防音が施してある。多少、外に音が漏れるが、近所迷惑になるほどではない。

朝早い時間に譜読みをすると、驚くほど集中できて音符が頭に入る。時間があっという間に過ぎていく。持続する集中力。充実した時間を手にしている実感があった。

ピアノ教本などの各種教材の研究も始めた。研究という目的で眺めてみると、どんな教材にもレッスンで役立つアイデアやヒントが満載だったことに驚く。せっかくなのでパソコンでまとめてみることにした。これをブログで発信するのもいいかもしれないな……学んだことをシェアするのは、佐伯との約束のひとつだ。

小野上先生の連続講座もスタートした。２週間に一度、半年かけて学びを終える集中コース。最初のオリエンテーションから引き込まれ、教材の持つ魅力と緻密に構築された内容に驚嘆した。

教材の使い方だけでなく、子どもの興味を引くポイントや指導の秘訣、言葉がけの工夫など、盛りだくさんの内容だ。男性の参加者が自分だけというのが心細いが、終わった瞬間から次回が楽しみで仕方ない。熱心なピアノの先生仲間との出会いもあるかもしれない。

雅人の最初の１カ月は、充実感とともに、あっという間に過ぎていった。

＊　＊　＊

雅人は南青山にいた。

洗練された街並み。オフィスから抜け出てきたのだろうか、赤い紐の社員証を首に下げた若い女性3人が、笑いながら通り過ぎた。ショーウィンドウはすっかり秋の装いだ。しっとりと落ち着いた色合いが街に溢れている。

雅人は、佐伯のオフィスに向かっていた。「これからの講義は私のオフィスで」と連絡があったのだ。

一本道を入り、有名私立大を通り過ぎたところに、佐伯のオフィスがあった。薄いグレーの瀟洒な5階建てのビル。1階はテナントだろうか、厳かな雰囲気の紳士服のテーラー。仕立てたスーツとアンティークの家具がガラスの向こうに見える。ビルの横を奥に進むとエレベーターがあり3階を押す。雅人を乗せた箱は、静かにゆっくりと上がる。音もなく扉が開くと、石造りの壁に社名がライトで浮かび上がっている。なんという香りだろうか、洗練されたフレグランスが空間を包み込んでいる。受付に近づく。「いらっしゃいませ」と女性が立ち上がり、笑顔で迎えてくれた。名前を告げると、少々お待ちくださいと受話器を上げる。「……はい、わかりました」――静かに受話器を置くと、「今まいりますのでそちらのソファにおかけになってお待ちください」と案内してくれた。

ほどなくして、奥の部屋から佐伯が颯爽と現れた。受付の女性に軽く手を挙げると、そのまま奥の部屋に向かう。わざわざ受付まで来てくれるところに、佐伯のおもてなしの精神を感じた。

一番奥の部屋が社長室だった。入ってみて、空気の違いを感じた。道路に面した壁は全面のガラスになっていて、優しい秋の空が見える。

足音をふんわり吸収する上質なカーペット、黒本革の応接ソファや重厚なデスクが高級感を醸し出している。部屋は意外なほどすっきりしている。余分なものを排除すると、こういう部屋ができるというモデルのようだ。

「迷いませんでした？」

「はい、ていねいに教えてくださったおかげで、迷うことなく辿り着けました」

今までに経験したことのない柔らかな座り心地のソファ。おしりの位置を調整しながら雅人は答えた。

しばらくすると、先ほどとは別の女性がお茶を持ってきてくれた。佐伯に勧められて、ひと口飲む。

「あ、おいしい……」

思わず声が出てしまった。

「でしょう？」

佐伯が微笑む。

しばらくは、この1カ月の様子を佐伯に報告する時間となった。絶妙な相槌と質問で話を引き出す佐伯にかかると、雅人はいつも魔法にかけられたような気分になる。どちらかというと無口だと思っていた自分が、突然おしゃべりになってしまうのだ。

「たった1カ月で、変化が出始めたみたいですね」

「はい、早起きするようになってから一日がすごく充実するというか……」

「朝の魅力をわかっていただけたようですね。では、さっそく今日の講義に入りましょう」

慌てて雅人はノートを取り出す。

「今日のテーマは、人生のミッションです。言うなれば

『人生をかけて成し遂げたい使命』を掲げる【教え③】

ということ。ミッションを考える【ワーク1】ことにはとても重要な意味があります。ピアノ指導者として社会でどうありたいか、社会に対してどんな貢献をしたいか。使命はこれらを端的に表現するものだからです」

佐伯は雅人の目をじっと見て尋ねた。

「三上さん、あなたの人生のミッションはなんでしょう？」

「いや……これまで考えたこともなかったのですが、ただ……先生方にお話をうかがう中で、見えてきたことがあるというか……」

「ぜひ聞かせてください」

「自分が与えてもらったものを、ピアノで…ピアノ指導を通じてお返ししたいというか……まだうまく言えないんですが。ピアノと一緒に生きてきた中で、学んだことは多い気がします。

人生で大切なこともたくさん……」

「なるほど、いいですね。人生で大切なことはすべてピアノが教えてくれた。三上さんは人生で大切なことを教えるピアノ講師、ということですね」

「そう！　そうですね、そうなれたらいいなと思います」

「もうひとつ質問させてください。ピアノ教室運営を通して、三上さんが実現したいことはなんでしょう？」

「実現したいこと……」

「たとえば、こんな子どもを育てたいとか、どんな世の中にしていきたいとか、社会全体に対する貢献の部分です」

　これまたスケールの大きい質問だ。ノートを見つめながら、心を落ち着かせてみる。

「私は佐伯さんからの課題を通じて、『感謝すること』の大切さをあらためて考えさせられました。どの先生も、いつも感謝できる人間でありたいとおっしゃっていた……。で、気づいたんです。レッスンが思い通りに進まなかったのも、生徒が全員いなくなったのも、感謝の気持ちが足りないことに原因があったんだと」

「なるほど」

「だから私は、まずは感謝できる人間になりたいです。その上で、ピアノのレッスンを通して感謝できる人間を育てていきたい。そうすれば生徒の人生も充実していくでしょうし、そんな人が増えれば、世の中も良くなっていくような気がします」

「その気持ちを、今、ここで文章にまとめられそうですか？」

「……はい。ただ、少し時間をいただけますか？」

「もちろんです。できたら教えてください」

気を利かせたのか、佐伯は立ち上がるとデスクのほうに歩み、置いてあった書類を取り上げた。チェアに腰かけて目を通し始める。

雅人はノートにあれこれ書き出した。キーワードになりそうなものは、ぐるっとマルで囲む。思いを言葉で紡いでいく作業は、自分自身と向き合う時間だと感じた。本当に目指したいのは何か、ピアノ指導で伝えていきたいことは何か？　いよいよ新しい三上雅人として再スタートを切るんだ。そんな実感を味わいながら、まとめていく。


「佐伯さん、まとめてみました」

デスクからソファに戻りながら佐伯は言った。

「では、読んでもらえますか？」

「はい。私は、ピアノを通じて人生で大切なことを教えるピアノ指導者です。ひたむきに努力できる人間、感謝できる人間を育てること。それが、私の人生のミッションです。……ど、どうでしょう？」

「とてもいいですね。私もレッスンを通じて、人として大切なこともたくさん学ぶことができたと感じています」

自分が書いた「ミッション」に繰り返し目を通し、感慨にふけっていると、

「ミッションを考えることは、夢に近づくために必要な課題です。なぜなら、これがあなたの『究極の夢』であり、いかなる人も邪魔することのできない崇高で高尚なビジョンだからです」

「はい、身の引き締まる思いです」

「人生のミッションは、ピアノ指導者としての『ぶれない太い軸』となります。何かに迷ったときには、必ずここに立ち戻るんです。そうすれば、行動にぶれがなくなります」

雅人のノートを指さしながら、

「毎朝、起きたらまず、このミッションを声に出して読むといいと思いますよ。あなたの体に沁み込むまで。その効果は、あなたが一番実感されるはずです」

雅人は自分の書いた文字をしみじみ見つめた。頻繁に自分を襲ってきた漠然とした不安が少し軽くなったような気がした。

「さて、まだ少し時間がありますので、もうひとつワークをやってみましょうか」

ワークという響きに期待感が広がる。これまで自分に向き合うことを避けてきたが、今は違う。一歩踏み出すための、大事な時間だ。

弱みは強みに転換できる

「先ほど、人生のミッションを考えましたね。さて次に考えなければならないことは何か？」

雅人は何も思い浮かばなかった。

「それは、あなたの『強み』です。強みとは、あなたにしかない『独自の売り』のこと。誰にでも他の人にはない強みがあります。ピアノの先生も100人いれば100通りの強みが存在する。大切なのは、それを見つけて理解した上で外部に伝えていくこと。たとえ小さな個人ピアノ教室でも、これはとても大事なんですよ」

「でも……指導法を学び始めたばかりで、教室再開の目途すらたっていない今の私に、強みなんてありますかね」

「そんなふうに、多くの人が最初は弱みばかりにフォーカスしてしまう。でも、

強みは必ず誰にでもある【教え④】

それを信じて見つけようとするのが第一ステップです」

　雅人は、特にコンクールの入賞歴もなく、何か資格を持っているわけでもない。あるとしたら、音大で取った教員免許くらいだろうか。普通過ぎる……自分の強みってなんだろう。雅人が眉間にしわを寄せて思案していると、

「強みを知るには、質問に答える方法が有効です。きっと見えてくるものがあるはずです。私が質問しますので、考えてみましょう。質問は3つです。いいですか？」

「はい、お願いします」

「まずひとつ目です。あなたが人から言われて嬉しかったことはなんでしょう？　友達、先生、あるいは生徒や親御さんから言われたことでもいいですよ」

「うーん、そうですねぇ……」

　雅人は腕組みして、必死に思い出そうとした。

「そういえば……友達に『三上君は話しやすいね』と言われたことがあります。『話をよく聴いてくれるから』と」

「お話を聞かせてくださった先生からも褒めていただいたと言ってましたよね」

「あっ、そうでした。生徒から言われたこともありました。ただ、ふんふんと話を聴いているだけなんですけど。私は話すのが苦手だから、自然と聞き役にまわることが多くなってしまうというか……」

「なるほど、それは『傾聴』ですね。人は自分のことを話したい、聴いてほしいものなんですよ。一番興味があることって自分ですからね。だから自分の話を聴いてくれる人には、好感を持ちやすい。話し下手な営業マンほど成約が取れるっていう話もあります」

「弱みだと思っていた口下手が……」

「そう、あなたの強みです。聞き上手は、相手から引き出すのがうまいんです。コミュニケーションの基本中の基本ですから」

佐伯は指を2本出して続けた。

「では、2つ目の質問です。あなたからピアノを習わなければならない理由はなんでしょうか?」

「いやいや、私でなければいけない理由なんて、そんな大それたものは……」

「たとえばですが、三上さんは男性ですよね。ピアノの先生の95%くらいは女性だと何かに書いてありました。となると、男性のピアノ講師は希少でもありますね」

「確かに少ないですけど……男の先生を敬遠する人もいるでしょうし……」

「ははは、いいですか三上さん。そのネガティブ思考をポジティブに転換する習慣をつけましょう。ネガティブからはネガティブしか生まれません」

「そうでした、気をつけます」

「以前は生徒さんがたくさんいたということですが、年齢層はどうでした?」

佐伯は質問を続ける。

「小さい子が多かったですね。男女比はそれほど変わりませんでした。女の子の問い合わせのときは、『男の講師ですが、大丈夫ですか?』っていつも最初に確認してました。でも、男だからという理由で入室しなかった子はひとりもいないですね」

「男の先生を敬遠する人はいなかったんですね。どうです?　男であることがマイナスに働いてはいなさそうじゃないですか。お母さんの中には、男性指導者を望んでいる方もいるかもしれませんよ。たとえば、エネルギーがあり余っているわが子に手を焼いているお母さんとか、お父さんが単身赴任中のご家庭とか、男性の体力や、父親に抱く安定感を指導者にも求めているかもしれません。それから三上さんは、海外に留学していますよね?　それも強みと言えそうじゃないですか?」

今の時代、留学なんて珍しくは……と言いかけて、なんとか言葉をのみ込む。ポジティブ転換を試みる。

「そ、そうかもしれません。向こうで学んだことはすごくたくさんあります。ピアノ、音楽に関することはもちろん、いろんな文化や芸術にも触れました。あと日本を離れたことで、逆に日本の良さを再認識する機会にもなりました」

「となると、三上さんから学べることはいろいろありそうですよ。同時にそれらは、あなたから習わなければならない理由にもつながりそうです」

「……なるほど、こうやって『強み』を考えていくんですね」

佐伯はお茶をひと口すすって続ける。

「では最後、3つ目の質問です。あなたや教室の弱みはなんですか？」

「えっ？　先ほどポジティブに転換しろと……」

「ははは、確かにそう言いました。ただこれは、強みを知るための方法のひとつ。三上さんが先ほどやった『弱み転換の法則』です」

「……ああ、口下手が聞き上手、みたいなことですね」

「そうです！　自分が弱みだと思っていることが、実は強みだったりする」

「弱みですか……うーん、私の教室の不利な点……やっぱり建物がすごく古いってことでしょうか……。しかも通りから奥まっているところにあるので、気づかれにくい」

「ハード面や立地が良くないということですね。でも言い方を変えれば、『知る人ぞ知る隠れ家的なピアノ教室』でもあるわけですね。飲食店でも、通りの外れのひっそりとしたお店や、古民家カフェが流行っていたりする。そういう雰囲気のお店が好きな人もいますし、『隠れ家的』

というキーワードに人は惹かれやすい、そんなデータもあったりしますよ」

　佐伯のポジティブ変換力に、雅人はあらためて感心した。

「そういえば、私の教室は外観も室内も昭和な感じなんですが、逆にそれが妙に落ち着くと言われたことがありました。小さい子から『なんか、おじいちゃんちに来たみたい』と言われたり」

「はは、いいですね。あと、生徒がゼロになってしまったことだって、ポジティブに捉えることができますよ。レッスンを根本から見直すきっかけになったとか、ピアノ指導者としてのあり方を一から考え直すチャンスをいただいたとか」

「なるほど……思い出すのが辛い過去、私にとっては大きな心の傷になっていましたけど、そう考えれば確かに……」

「ですね？　**挫折から這い上がって成長できれば、それは立派な強みとなります。どんな経験にも、その人にしか語れないものがあるからです。**

　失敗こそ強みに転換してやる！というマインドは重要だと思いますよ」

　雅人がひと通りノートにメモし終わるのを見てから、佐伯はポンと軽く両手を合わせて言った。

「では時間なので、今日はここまでにしましょう。次回までの宿題は、あなたの強みをまとめることです。いいですね？」

佐伯に見送られてオフィスを後にした。雅人はせっかく表参道まで来たのだからと、なるべく落ち着いたカフェを選んで入った。すぐには家に帰りたくないほど気持ちが高揚していた。佐伯からの宿題にもさっそく取り組みたかったからだ。

帰り際のエレベーターの中で、佐伯からさらなる宿題が加えられたのだ。

「ぜひ『強みリスト100』も作ってみてください」

自分のここが長所だと思うこと、好きなところを100個書き出す【ワーク2】。100個と聞いて、一気に難易度が上がったと感じた雅人は、集中できる場所がほしかったのだ。

雅人はカフェの奥まったひとり掛けのテーブルに着くと、さっそくノートを開く。案の定、20個まではスラスラ書けたのだが、そこからが大変だった。残り少なくなったチューブから最後の一滴まで絞り出すような感じ。ただ、絞り出している最中に、ある言葉から連想ゲームのようにキーワードが出てくることを発見した。たとえば「聞き上手」というキーワードから、「人とすぐ親しくなれる」↓「コミュニケーション能力が高い」といったふうに。他人から見れば盛っている感じがするだろうが、まぁ、良しとしよう。あくまで自分が感じているもので構わないと佐伯も言っていた。

このワークをやって気づいたことがもうひとつある。強みを挙げているうちに、自分が目指したいものが見えてくること。朝起きたばかりの寝ぼけまなこの焦点が、だんだん合ってくる、そんなイメージだ。

思い出したこともあった、自分は文章を書くのが好きだったと……。中学のときに詩を書いて褒められたことも記憶している。これは磨いていけば強みになるかもしれない。発表会用に音楽劇の台本を書いたり、教室の歌を作詞作曲したり……そんな夢まで浮かんできた。

ふと時計を見ると、かなり時間が経っていた。今日は午後遅くから講義が始まったから、外はもう薄暗い。秋になり、日が沈む時間が着実に早まっているのを感じる。最後の一滴まで絞り出してはみたものの、結局、１００個には届かなかった。残りは家で完成させよう。

「ありがとうございました〜」

若い女性の店員さんに素敵な笑顔で言われ、雅人も思わず会釈で返す。そうか、素敵な笑顔も強みになるんだなと思った。なんだかすがすがしい気分でカフェを出た。

今この瞬間がプレゼント

佐伯の講義が始まってから、すでに2カ月が経とうとしていた。木々の葉の色もだいぶ変わり、穏やかな秋晴れの日が続いている。ときおり風に冷たさも感じるようになってきた。

雅人は、佐伯の教えを実践していくうちに、少しずつ考え方や物事の見え方が変わってきたのを実感している。

そのひとつが、物事への反応がマイルドになってきたことだ。たとえば、駅で割り込み乗車をされても、ムカッとしなくなった。コンビニのレジで前の人に時間がかかっていても、イライラしなくなった。割り込んだ人は体調が悪くて座りたかったのかもしれないし、コンビニの新商品をじっくりチェックできたと思えばどうということもない。

すっかり早起きが習慣になってきた雅人。今朝も起きてからずっとパソコンに向かって熱心に何かを打ち込んでいる。ブログを始めたのだ。

自作の教室ホームページは、佐伯の助言もあり、今は閉鎖している。教室は稼働しておらず、指導法を一から勉強している身としては、一度ゼロに戻すのがいいだろうという結論になった。

一日も早い教室再開のために何か動かなければ、と考えていたときに思い出したのが、結城が勧めていた「ブログ」だった。正直、何もしないでいるのが怖かったこともある。もちろん、指導法は勉強しているし、教材研究も続けている。ただ教室を再開したタイミングで本当のゼロからスタートしているようでは遅いと感じていた。ブログを書くことで自分の頭の中を整理したいという気持ちもあった……。

ブログの内容は、教材研究などのピアノ指導に関すること、音楽や演奏に関すること、日々の気づきなどだ。挫折を経験したこと、教室を再スタートしようと計画していること、指導法を学び直していることも正直に書いてみようと思っている。

始めたばかりなので、もちろんアクセスはほとんどない。ただ、地域名などのキーワードは意識しているせいか、検索順位はだいぶ上がってくるようになった。近隣でブログをやっているピアノ教室が少ないのも理由かもしれない。

「よし、今日はこのくらいでいいか……」

同じ姿勢でずっとパソコンに向かっていたので、首回りが痛くなった。首と肩をほぐしながら時計を見ると、もうバイトに行かなければならない時間だ。

＊　＊　＊

「さて、講義を始めましょう！」

快活な声で呼びかける佐伯。今日も彼の話を聴くために、バイト先からオフィスに直行した。

「三上さんは、一日をもっと充実させたいと思っていますか？」

「はい、もちろんです」

「ならば今日のテーマはぴったりですね。時間の使い方です」

「すごく知りたかったんです。早起きで使える時間が増えたのに、どうも使い方がうまくない……時間を有効に使えば、もっといろんなことができるだろうなと思っていました」

「時間をコントロールすることは、自分の人生をコントロールすることでもあります。どんな人にも平等に1日24時間与えられていますから、それをいかに使うかが人生の鍵になる……。望む人生を歩んでいくためには、時間という資産をいかにして有効に活用していくか。これがポイントになります」

「本当にそうですね。限りある時間を有効に使いたいです」

「砂時計をイメージしてみてください。落ちていく砂が時間とすると、落ち切ったときが寿命を終える瞬間。人は生まれてから絶えずその瞬間に向かって近づいていってるわけです」

雅人は砂時計をイメージしてみた。自分に残っている砂はどのくらいなのだろう。それは誰もわからない。ただ、わかっているのは、落ち切る瞬間は必ず来るということだ。

「そう考えると、時間が今まで以上に大切に感じられませんか?」

「感じられます。今この瞬間も寿命に近づいているかと思うと……」

「それです。時間は有限だとまずは認識すること。タイムマネジメントの基本はそこなんですよ。

時間に対する感度を上げる【教え⑤】

たとえば、レッスンの時間が少し空いたからと、なんとなくスマートフォンでSNSを見る。これは生産的な時間の使い方ではないですよね。そこで自問するんです。今しようとしていることは、本当に価値があるのかどうか。答えがノーであればすぐにやめる。そしてピアノの練習や読書、勉強などの生産的な行動に変える」

空き時間はスマートフォン、という雅人には耳の痛い話だ。

「成功している人は、価値のあることに時間を使う努力をしています。**大切なのは、『今、何をすべきなのか？』、そして『どの順番でやるべきなのか？』を明確にすることです。**

結局は時間への意識なんですよ」

佐伯はひと呼吸置いて続けた。

「そこで有効なのが『リスト』、一覧ですね」

リスト……思い浮かぶのは電話帳くらいだ。

「こんな話があります。20世紀初めのアメリカでの話です。毎日仕事に忙殺されていた大企業の経営者に向かって、青年コンサルタントが言ったそうです。『あなたの時間を何時間も節約する方法を教えます。報酬は、必要と思われる期間試された後、効果に見合うとあなたが感じる額をください』と。経営者はそれを受け入れ、彼の提言を実践しました。さて、その後どうなったか？　結果的に経営者は青年に2万5千ドルもの報酬を支払ったそうです。なんと当時、車が8台も買える額だったそうですよ。それほど効果を実感したということですね。さて問題です。青年は何を教えたのでしょう？」

「簡単にわかることじゃないですよね。だって2万5千ドルの価値があるわけですから……何かのリストを作る……なんだろう……」

「とても単純です。毎晩寝る前に、明日やるべきもっとも重要なことを6つ書き出す。そして、重要な順に番号をつけて、翌日に1番から取り組む【日課3】。これが答えです」

「私にはとても……車8台分の価値あるアイデアとは思えないんですが……」

「ところが、この話には、大切な要素がたくさん詰まっているんですよ」

佐伯は珍しく前のめりになって、雅人の目を覗き込んだ。

「前の晩にリストを作っているので、朝起きたらやることがすでに目の前に出ている。つまり初速がすごい。何から手を付けようかと考えている時点で、すでにタイムロスですからね」

「確かに私も、朝起きてから何か始めるまで、コーヒーを飲みながらダラダラしてます」

「脳機能的に言っても、この方法は合理的なんです。脳は寝ている間に『答え』を見つけようとする働きがあるらしい。だから寝る前にやることを書くことによって、脳の自動検索機能が働いて、寝ている間に最善の方法を導き出してくれたりする。起きたら解決策やアイデアが思いついた、みたいなことはよくありますよ」

こめかみの辺りを人さし指でコンコンとやりながら、佐伯は嬉しそうに続ける。

「6つという数も秀逸です。あれもこれもと思うと大変ですが、6つくらいならできそうな気がする。あとは重要度を考えて、優先順位を決めて取り組むだけ。私も実践していますが、すごい効果ですよ。本当はあまり人に言いたくないくらいです」

顔には満面の笑みが浮かんでいる。さっそく今晩から実践してみようと雅人は思った。

「もうひとつ、オススメできることがあります」

雅人が興味を持ったのを察したのか、佐伯はサッと立ち上がる。デスクの前へと進み、引き出しを開けると、何やら黒いものを取り出してきた。

「手帳……ですか？」

「そうです。朝起きたらスケジュールを立て、手帳に書き込む【日課4】。ポイントは、理想の一日をイメージしながらスケジュールを立てていくことです。これでバッチリ、一日をポジティブにスタートできます。書くと意識は倍増しますから、実現する可能性も高まる。お金をかけずにできるし、実現できなくても誰かに違約金を払うわけでもないですしね」

軽い冗談に笑いながら、雅人はポイントは何かを考えた。

「大事なのは……気持ち良く朝をスタートさせる、という部分でしょうか」

「そうです！　朝起きたら手帳を開き、前の晩に書いたリストを見ながら、どの時間にどれを実行するのか書き込む。以前お勧めした『できたことリスト』も含めて7、8分で終わりますよ。たったこれだけの時間で、望む一日が過ごせるのであれば、やらない理由はどこにもないでしょう？」

「はい！　さっそくやってみたくなりました。ちょっとネーミングを思いついたんですけど」

「お、なんですか？」

「夜にリストを作るから『夜リス』、朝にスケジュールを立てるので『朝スケ』っていうのはどうでしょう？」

「夜リスと朝スケですか。あははは、いいですね。私も使わせてもらいますよ」

佐伯が自分の手帳に書き込む姿を見る雅人の頬が、思わずゆるんだ。


「心掛けたいことを、あとひとつだけ。メールは即返信です」

メールと時間の使い方に、何か関係があるのだろうか？

「仕事ができる人は、たいていメールの返信が早い。それには理由があるんですよ。仕事ができる人は、相手を待たせないことを最優先している。こちらの返信が遅ければ、その分相手の仕事はストップしますよね。ストレスも感じるでしょう。すぐに返信すれば、相手もロスなく仕事ができる。待ち合わせと同じです。待たせてはいけない」

「相手のことを考えれば、即返信が当たり前になる……」

「そうですね。ピアノ教室なら、問い合わせには即返信が大原則でしょう。早ければ早いほど相手の心証は良くなります。自分のことをきちんと考えてくれていると感じますからね」

「お話をうかがった先生方も、驚くほどメールの返信が早かったです。お忙しいはずなのに……。期限内に課題を達成できたのも、今思えば、先生方のレスポンスの早さのおかげですね」

「メールの返信のスピードって、決断のスピードと比例するんですよ。物事を決めて、相手に意思表示することですからね。仕事ができる人ほど、決断する内容のクオリティは高く、そのスピードは速い。もし、話したほうが時間短縮できそうな複雑な案件なら、電話に切り替える」

「使い分けることで、さらに無駄な時間を作らずにすむ……」

「そうです。会う、電話する、メールする、すべては相手の貴重な時間をいただくことです。時間は命そのもの。相手の時間を尊重することは、相手を大切にすることと同じなんです。どんな時間も、大切な命をいただいていると思えば、相手との向き合い方が変わってくるように思いませんか?」

そんな発想はなかったが、これは相手への思いやりにも通じる話だと雅人は思った。

「繰り返しますが、大切なのは、時間の感度を上げることです。おおげさに言えば、今この瞬間を生き抜くことです。

英語で『現在』は『present』と書きますよね。今この瞬間は『贈り物』だということ。大切な贈り物であれば、大切に使うべきです。」

佐伯は、文字がぎっしり書き込まれた手帳をパラパラめくりながら続ける。

「時間を大切にすることと充実感は大きく比例します。つまり、幸せな時間が増えていく。幸せな今を積み重ねれば、それだけ未来が幸せなものになっていくということですね」

お金への苦手意識を克服する

「朝スケ、やってみましたか?」

今日は佐伯の4回目の講義の日。雅人はこの日も佐伯のオフィスにいた。スタートからあっという間に3カ月が過ぎた。暦の上ではすでに冬、1枚羽織るものがないと心もとない季節になってきた。毎日が矢のように過ぎる。それだけ充実しているということだろう。

「はい、早速実践しています」

「スケジューリングは、学校の時間割と同じ。この時間にはこれをする、と一日の動きを決めて、それに従えば多くのことがこなせる。大人はすべての時間の使い方を自分にゆだねられていますから、どうしてもルーズになりがちです。だから、自分で時間割を決めるしかない」

「夜にやることリストを書くのもいいですね。今までは『あれもやらなきゃ』『これもまだ片付いてない』ってイライラしているだけで、実際にはほとんど手つかず状態でしたけど、書くことで『明日はこれだけやれば大丈夫』みたいに安心できるというか……。しかも次の日、確実にすべてこなせてしまう。魔法みたいです」

「ははは、ついにご自分に魔法をかけられるようになりましたか」

佐伯はいたずらっぽく笑うと、居ずまいを正してこの日の講義を始めた。

「さて三上さん、今日の講義はちょっと耳の痛い話になるかもしれませんね。お金のことです」

金銭的なことは雅人が苦手とするところだ。

教室を始めたときも、月謝はだいたいの相場で適当に決めた。必ず月謝が遅れる生徒がいたし、楽譜代を請求して嫌な顔をされたこともある。月謝を滞納したまま消えた大人の生徒もいた。お金にまつわる問題には何度も悩まされたが、これといった解決策を見出せずにいた。

「お金のことはちゃんとしなきゃといつも思っていました。ただ、音楽や教育に値段をつけることに、正直難しさを感じています」

「なるほど。それはピアノの先生に限らず、ビジネスを始めようとする人なら、誰でも通過する『関門』みたいなものです。今日はあらためてお金について考えてみましょうか」

雅人がノートを開くのを待って、佐伯は続けた。

「はじめに明確にしておきたいことがあります。音楽や教育の仕事を通してお金をいただくのは、悪いことではありません。芸術は神聖なもの、儲けを追求するビジネスとは違う……という考えに縛られる必要はありません。

世の中にあるモノやサービスには価格が付いていますね。価格とは、『この商品やサービスにはそれだけの価値がありますよ』という、いわば提供者がお客様にする約束です。それに対して、支払いはお客様がその価値を認め、価値を受け取るための行為です。お金はその交換の手段にすぎません。ここまではいいですか？」

思いがけない視点を得て、雅人は即答できず、自分の頭の中を整理するように言った。

「……たとえば、このノートは400円でしたが、売り手はその値段に見合う価値があると買い手に約束した……買い手である私はその価値を認めて、ノートを手にするために400円を支払った……」

「実際の値付けはもっと複雑なんですが、すごく簡単に言えばそういうことです。事実、三上さんは価値を感じたからお金を支払った。100円のノートだってあるのに、値段が4倍のノートを買った。100円のノートと比較して、それだけの価値があると感じたからですよね？」

「そこまでは考えていなかったと思いますが……でも言われてみれば、自分を高めるための大切なノートだから、値段は高くても良いものを買おうという意識はあったような気がします。デザインも気に入りましたし、直輸入のノートという点にも惹かれました」

「そこです。お金を払ったのには必ず理由があるんです。たとえば、今はコンビニでも美味しいドリップ・コーヒーが100円で買えますが、ホテルのラウンジで飲めば1000円しますよね。味やクオリティの違いはあるとしても、コーヒー単体に10倍の違いがあるとは思えません。それでも人は1000円を支払う。なぜでしょう？」

「ゆったりとした空間でコーヒーを飲みたいとか、大切な人の接待だからとか、相談は落ち着いた場所でしたい……ふだんとは違う雰囲気を味わいたい……」

「ほら、きちんと価値を感じているわけですよね」

「でも、コーヒー一杯に１０００円は高いって思う人もいますよね」

「もちろんです。価値は感じても、懐事情と相談することも必要ですしね。ピアノを教えてお金をいただくこともまったく同じ原理です。

月謝は『金額分の価値を提供する』という教室からの約束【教え⑥】

生徒は教室やレッスンにそれだけの価値を感じたから支払う。ただそれだけです」

「原理はわかりましたが……まだどこか腑に落ちません」

「おそらく、ピアノのレッスンが形のないものだからでしょうね。無形のサービスには、値段が付けにくい」

「そうなんです。たとえば、月謝が5千円の教室もあれば1万5千円のところもありますよね。その差ってなんなのかなって思っちゃうんです」

「我々がその差を考えても無意味です。その２つの教室のクオリティがまったく同じということはありえない。であれば、値段を比較することに意味はないんです。生徒はそれだけの価値を感じたから支払っている、価値を感じて通う。逆もまたしかり。ただそれだけです」

「……でも、単純に金銭的な理由で選ばなかった人もいますよね？」

「もちろんです。でもそれは我々がタッチできない部分ですよ。先ほどのラウンジのコーヒーの例と同じ、価値観の差です」

違いますか？といった表情で佐伯は雅人を見た。

「食い下がるわけではありませんが、月謝が他より安くて質の高いレッスンを提供している教室があれば、そこに生徒は一番集まりますよね」

「理論上はそうです。ただ、指導者が限界を感じたらどうですか。質を維持できるでしょうか。月謝の価格が低ければ、生徒は集まるかもしれません。ただし労働時間を考えると、当然利益率はとても低くなる。生徒が増えれば増えるほど、忙しさも増していきます。安さだけにフォーカスして来る人も少なからずいるでしょうから、楽器購入に消極的な親御さん、あるいは楽譜代を渋る親御さんみたいな、困った問題に向き合う時間も増えていきます。いくらやる気のある先生でも、ある日思うわけです。こんなに頑張っているのに、収入はたったこれだけ。自分の勉強のための時間もほとんど取れない。心がすさんでいく……」

サービス残業、過労やストレス……雅人は自分とは関係ないと思っていたニュースでよく耳にする言葉を思い浮かべていた。

「さっきも言ったように、お金の授受は価値の交換です。利益が出ないことは、自分の価値を認めてもらえていない、というマインドに変わりやすい。どんな仕事でも同じですが、『なんのためにやっているのだろう』と思い始めたら危険信号です」

「そうですね……まずは何より生活していかなきゃならない。個人事業主は公的な保障にも不安があります」

「だからこそ、はっきりしておきましょう。レッスンできちんと利益を出すことは、指導者自身のためでもあるんです」

「モチベーションを維持するために……」

「それだけではありません。利益が上がれば、それはレッスンのクオリティを上げることにもつながります。時間や利益を自己投資に回すことができますからね。レッスン内容の向上には、講座への参加、書籍や教材などの購入、演奏会通いも必須です。それにかかるお金は大事な自己投資。もちろん、利益が出れば教室のハード面への投資もできる。生徒を伸ばすイベントも開催できますよね。つまり……自己投資はすべて、生徒の利益につながっていくんです。だからこそ、きちんと価値を提供して対価を得ることが必要なんですよ。

お金を『稼ぐ』とか『利益を上げる』とかいうと、芸術の世界ではネガティブなイメージになりがちです。でも、生徒の利益のために指導者が自己投資するには、お金が必要なんです。

そう聞けば、ほとんどの方が納得されます。ピアノのレッスンでお金をいただくことに罪悪感は必要ないんです。むしろ感じるべきは、私はそれだけの価値を提供しているという喜びのほう。それ以上の価値を提供したいという前向きな気持ちが大事なんじゃないでしょうか」

なるほど……と雅人が感心していると、佐伯がなぜか当たり前な質問をしてきた。

「三上さんは、コンサートでお客さんから拍手をもらったら嬉しいですか」

「もちろんです！　この瞬間のために頑張ったっていう喜びに満ちていますから」

「素晴らしい演奏に対する拍手は、笑顔で遠慮なく受け取るわけです。お金も同じなんですよ。あなたの素晴らしい仕事、レッスンに対するお金は笑顔で遠慮なく受け取ってしかるべきです」

「お金は拍手と同じ……本当にそうですね。考えてみれば、コンサートのチケット代を支払うことに違和感を覚えたことも、お金を受け取る演奏家を軽蔑したことも、レッスン代をもったいないと感じたこともありません」

「経営者として、忘れてはならないこと……私が好きな言葉なんですが、『お金はありがとうの形である』。レッスンをしてお金をいただくのは、生徒から『ありがとうの気持ち』をいただくことと同じ。教室を繁盛させられる人は、ありがとうをたくさん集められる人です。もっとありがとうを増やしたいと思って、レッスンや教室の価値を高めていけば、レッスン料を上げたとしても生徒は簡単には離れません。価値を求めている人がさらに集まって、利益も増える。月謝の値段うんぬんではなく、その先生のレッスンを受けることに価値を感じているわけですからね。仕事ってそういうものですよ。だから月謝も感謝の気持ちで受け取る。感謝の気持ちで価値あることに使う。お金は循環させることで価値が増していくんです」

佐伯は脚を組み直して続ける。

「ピアノ指導者もお金をいただいている以上、ピアノを教えるプロです。プロとして、常に自分を高めなければいけない。生徒に価値を与え続けなければならない。それは、お金をいただいてピアノを指導する者としての『責任』です。自分の仕事に責任と覚悟を持って取り組み、誇りと喜びを持って教室運営に向き合える人。それこそがプロフェッショナルな先生です」

「お金に対する考え方は、プロフェッショナルな思考にも関係している……」

「そうです。では、どうすれば価値ある先生になれるのか？　次なる問題はここですよね」

お話をうかがった先生は、どの方も生徒や親たちから大きな信頼を得ていた。どうすればあんな先生になれるのだろう……雅人はずっと考えていた。

教える人は学び続ける人

佐伯はいつも、大事なことを言う前に絶妙な間を取る。

「ひと言でいうと、魅力なんですよ。人は、何か惹かれるものを感じる人、この人は自分にはないものをたくさん持っている……そんな素敵な予感を抱かせる人に魅力を感じ、同じ時間を共有することに価値を感じるわけです。

三上さん、魅力的な人に共通することがあるのですが、わかりますか？」

「うーん……笑顔が素敵、とか？」

「それもひとつです。でも一番の共通点は、『常に学び続けていること』。ベテランのピアノの先生ほど、

『教え続ける限り学びは終わらない』【教え⑦】

という意識を持っているはずです」


佐伯が言う通り、どの著名な先生も学びに対する意識が高かった。自分を高めること以外に、この仕事を長く続けられる方法はない、とでも言うように。

「学生時代は良かったですよね。学校に行けば講義があり、課題が用意されていた。いくらでも学ぶ環境がありました。でも社会人はそうはいきません。私は詳しくないのですが、ピアノの先生の場合だと、目の前に学びが用意されるのは、楽器メーカーが運営する音楽教室の講師向け研修ぐらいでしょうか。

おそらくほとんどの人は、社会に出てから気づくんですよ。『学びとは主体的な活動だ』と。学びの場は自分で掴み取るしかないんです。

さてここからがポイントです。

学び続ける人がなぜ魅力的なのか。それは、素直で謙虚だからです。学んでいる人というのは、自分にはまだまだ知らないことがあると知っている人です。世の中は知らないことに溢れていて、新しいことに出会うたびに喜びが感じられる。

どんな人からも学びがあり、学ばせていただいているといった意識があれば……周りの人が自分を育ててくれているという自覚があれば、そういう気持ちが魅力となって表れてくるんですね。だから誰に対してもていねいで、謙虚なんです。本物の成功者は、ステイタスが上がれば上がるほど謙虚になっていきます。

学びとは『逆走する動く歩道』だと考えてください。足を止めればどうなるか？　もちろん後ろに下がりますよね。これが後退です。つまり、人間は学ばないと後退していくんですよ。じゃあどうするか？　足を前に出し続けるんです。自分はスタートで出遅れたと感じたら走る。共に歩みたい人がいれば、切磋琢磨しながら一緒に前へ進む。とにかく足を出し続ける。動く歩道から降りることとは、現役から退くこととイコールです」

これまでの雅人は、まさに後ろに下がっている人間だった。どんどん人に追い越されていく。待ってくれと手を伸ばしても、前を行く人たちとの差は開くばかり……そんな自分を想像して、頭を振った。

「大切なのは、自分のペースで着実に、足を前に踏み出し続けること。この先に、今いる生徒、そして未来の生徒の笑顔が待っている。そう思えば、学ぶ喜びをかみしめながら楽しく前進していけますね。これがピアノ教育の醍醐味であり、指導者としての『自信』につながっていくんですよ。まぁ、好きなことであれば誰に言われなくても勉強するでしょうけれど」

今、雅人は一からピアノ指導法を勉強し直している。新しいことを学ぶ度に、ピアノ指導の奥深さを感じる。学べる喜びと、小さな自信のかけらも感じるようになってきた。早く生徒に教えたい、そんな気持ちが日に日に大きくなっていく。

「覚えておいてください。最高の投資先は自分なんです。どんな投資よりも、確実にリターンが見込めるのが自己投資です。学びはすべて自分に蓄えられます。無駄なことはひとつもありません。学びが積み重なって、あなたという大きな価値を生み出していく。学びにお金を使うことは価値ある投資なんです」

「私はバイト生活ですから、講座代や本代のためになんとか切り詰めるしかないですね……」

「学びにはお金がかかりますからね。でも、ここで出し惜しみしちゃだめなんです。お金をかけることで、やっと学ぶ姿勢ができ上がるんです。よく言われるのが、参加者のモチベーションが一番低いのは無料セミナーだと。タダで勉強するのはすごく難易度が高い。本当の真剣さは、お金をかけたときのほうが生まれやすいんです」

本も同じだと雅人は思った。人から借りたりもらったりした本は、高確率で読まない。読まなくてもタダだから痛みはない。多くを学び取ろうという真剣さが足りないから、大事なポイントも読み過ごす。人に言われて「そんなこと、書いてあったんだ」と気づくことも多い。

「学べない理由として『時間がない』を挙げる人がいますよね。これは残念ながら、生徒が練習する時間がなかったと言い訳するのと同じです」

雅人は苦笑した。生徒の言い訳の王道だ。

「時間はそもそも作るものですよね。スキマ時間で学ぶ方法だっていくらでもあります。電車やバスを待つ間はもちろん、エレベーターでだって本は読める。要は、やる気と学ばないことへの危機感だけです」

そこまでするのか……と驚きもしたが、本気であれば1秒も無駄にしたくないと思うものだろう。

「本ほど低投資で大きなリターンが期待できるものはありません。著者が人生をかけて得た経験と知識が、本1冊で得られるんですよ。専門書は一般書に比べて、確かに値段は高い。でも、著者が本を書くために費やした時間とお金を考えれば、どうですか？」

「そう考えると確かにすごく安いです」

「ピアノの先生の中には『教室経営』と聞いただけで、拒否反応を起こす人がいるそうですが、私は、ピアノの先生もビジネス書を読んだほうがいいと思いますよ。バッハだってモーツァルトだって、仕事を求めて奔走していたわけですからね。異なる視点を得ること、自分にはなかった考え方を知ることは、人生を豊かにしてくれます」

「考えてみれば、生徒募集って集客と同じですよね」

「そう！　そのことに気づいたピアノの先生は、教室運営や生徒募集に関する苦労が、ぐんと軽減されるはずです」


雅人はハッと気づいた。

「学びで思い出したんですけど、ひとつ始めたことがあるんです」

「なんでしょう？」

「ブログです。ブログで自分の学びを発信しているんです。教材研究のこととか、ピアノ指導法の勉強で役に立ったこと、あとは毎日の生活の中での気づきとか……。特別な目的があるわけではないんですが、備忘録という意味も込めて」

「それはいい。インプットだけでは学びは不十分、アウトプットしてこそ自分のものになる。考えを言葉にまとめていくことで、学びが深まっていくんですね。大阪の串カツはソースの二度づけ禁止ですけど、学びの二度づけはどんどんやったほうがいい。二度と言わず何度でも」

佐伯に認めてもらえた。２人で笑い合えた。雅人は幸せを感じていた。


「ところで指導法の学びはどうですか？　順調にいってますか？」

「それはもう！　小野上先生の連続講座は毎回目からウロコで、ピアノ指導法ってこんなに奥が深いんだって再認識しています。今は学ぶことが楽しくて仕方ないです！」

「素晴らしい！　小野上先生はピアノ指導への情熱と愛のある方なんでしょうね。では今日はここまでです。また一カ月後に会いましょう」

佐伯に見送られて雅人はオフィスを出た。

もう空気がだいぶ冷たい。気づけば、今年もあと1カ月ちょっと。街はすでにクリスマス一色になっている。

（バイトまでまだ時間がある。ビジネス書も見てみたいし、大きい書店にでも行ってみるか）

勉強する楽しさをこんなにも感じたのは久しぶりだ。学べることに感謝しながら、一歩ずつ前に進んでいこう。まだらに広がる雲を見ながら、雅人は心に誓った。

夢をかなえるシンプルな方法

雅人の住む古い家は、夏暑く冬寒い。この日は特に冷え込みがひどかった。しばらく布団でもぞもぞやった後、意を決して起き上がった。小走りでガスファンヒーターに近づき、スイッチを入れる。

「カチッ、ジジーッ…ボンッ」

聞き慣れた着火音、素早く温めるには、ガスファンヒーターが一番だ。

雅人は厚い靴下を履き、セーターを頭からかぶると、まだ開けきらない目をこすりながらコーヒーを淹れる。湯気の立つマグカップをデスクに乗せ、朝スケを始めた。すっかり習慣となっている。ひと通り終えると、ブログを更新しようとパソコンを開いた。

「ん?」

管理画面に、あまり目にしない赤い文字が表示されている。メッセージのお知らせだ。

管理人さま

はじめまして、同じ地域に住んでいる永作と申します。4歳の娘にピアノを習わせようと、教室を探しています。実は、偶然こちらのブログを見つけて以来、ずっと読ませていただいております。たぶん、先生がブログを始めたばかりの頃からだと思いますので、3カ月くらいになるでしょうか。先生のブログは前向きで、一生懸命な思いが感じられて、いいなって思っていました。今はまだ教室を再開されていないようですが、一度娘を見てもらえないでしょうか?ご検討のほど、よろしくお願いいいたします。

ゆっくり2回読んだ。冷やかしでないのは、文末にフルネームと携帯番号が書いてあることでわかる。まだ募集をしていない段階で、ブログにこんな反応が来るとは……。

「レッスンしてほしい……ってことだよね」

こんなふうにブログを読んでくれていた人がいたなんて……雅人の胸が熱くなった。同時に困惑もしていた。今は指導法を一から学び直している最中の身。もう二度と失敗はしたくない。

一方で、学びの道半ばだがレッスンを再開したいという欲求が芽生え始めていたのも事実だ。

さんざん迷った挙句、小野上先生に相談してみることにした。先生なら、自分の学びの進度を一番よく知っている。迷惑にならない時間を見計らって、雅人は小野上先生に電話をかけることにした。


トゥルル…トゥルル…

「はい、もしもしー、小野上です」

「おはようございます。三上と申しますが……」

「あら、おはようございます。どうされました？」

「朝早くすみません。ご相談したいことがありまして、少しお時間をいただいてもよろしいでしょうか……」

「いいですよ。なんでしょう？」

小野上先生の明るい声に安心感が広がる。雅人はさっそくブログのメッセージのことを伝えた。レッスンしてみたい正直な気持ちも添えて。

「あら、いいんじゃないですか。指導法ってね、机の上で勉強するだけじゃだめ。生徒と向き合って、試行錯誤しながら現場で身につけていくんですね。反応を受け取って、学んだことを生かす。その繰り返しなんですよ」

「まだ先生の連続講座も終了していませんし、中途半端な状態で引き受けていいものかと……」

踏ん切りがつかない雅人に、小野上先生は「意外な提案」を持ちかけてきた。

「私の連続講座もあと2カ月ほどで終わりますよね。それならば、3カ月限定のモニター生徒として受けることにしてみたらどうかしら？　今のあなたの状況を正直にご説明して『学んでいることをお子さまのレッスンで実習させてほしい』って。モニターレッスンだから、料金は低価格に。でももちろん、レッスンは全力でするのよ」

「教育実習みたいな感じですね。なるほど！　それでもオーケーならば、私も負い目を感じることなく、全力でレッスンに臨めそうです」

「大丈夫、メッセージをくださった方に、気持ちを誠実に伝えればいいんですよ」

「ありがとうございます。モニターレッスンとは、思いもよらぬ方法でした。小野上先生はやっぱりすごい方です！」

「あら、褒めていただいちゃって、私も最高の気分で一日をスタートできるわ。じゃ、年明けも講座の会場で待っていますからね。少し早いけど、良いお年を」

「ありがとうございます」を何回も繰り返して、雅人は電話を切った。


雅人は、迷いに迷ってモニター料金を決めた。教室を再開したときに予定しているレッスン料金の半額。これでだめなら、ご縁がなかったということで割り切ろう。

レスポンスはとにかく早いほうがいい、と佐伯に教わった。腹を決めて、メッセージにあった携帯の番号にかけてみる。


トゥルル…トゥ…

「…はい、もしもし?」

「あっ、永作さまでいらっしゃいますでしょうか?」

わずか1コール半で出たことに驚いて、恥ずかしいくらい声が裏返った。

「はい、そうですが、どちらさまでしょう?」

明らかに不審がっている様子だ。

「す、すみません、ブログでメッセージをいただいた、ピアノ教室の三上と申します。ごていねいなメッセージをいただき…」

「ああー！　先生ですか!?　まさかこんなに早くお電話をいただけるなんて思っていなくて。失礼いたしました」

ていねいな言葉の中に、快活さを感じる声だ。

挨拶もそこそこに、雅人は勇気を振り絞ってモニターレッスンのことを提案してみた。料金のこともできるだけきちんと説明した。「ええ」「はい」、電話の向こうからは落ち着いた相槌が返ってくる。

うまく説明できただろうか。どんな言葉が返ってくるか、雅人は正直怖かった。

「…どうでしょう？　これでよろしければ、お引き受けさせていただこうと思いますが」

「ええ、それでお願いします」

あっけない了承に拍子抜けしたが、好意的に受け取ってもらえたようで安心した。

早くピアノをやりたいと、毎日子どもからせがまれているらしい。年末ではあるが、さっそく明後日からモニターレッスンを開始することとなった。嬉しそうな、ホッとしたような永作さんの声に、雅人の顔も思わずほころぶ。受話器を静かに置くと、「やったー！」と電話に向かって小さくガッツポーズをした。

（いろいろ準備しておかないとな）

雅人は、心配よりもワクワクする気持ちが大きくなっていることに気づいた。レッスンの前に、こんな気持ちになったことが一度でもあっただろうか。今日はこの後、佐伯の講義がある。

さっそくモニターレッスンのことを報告しよう。

＊　　＊　　＊

「地道にブログを続けてきた成果でしょうね」

今朝のことを報告すると、佐伯は自分のことのように喜んでくれた。小野上先生の提案にも感心していた。

「レッスンを学びと同時に進めるのもひとつの手ですね。生徒さんから学ばせていただきつつより良いレッスンを目指す。考えてみれば、これは新入社員と同じですね。彼らも会社からお金をいただきながら仕事のスキルを学んでいくわけですから」

「生徒さんから学ばせていただく……本当にそういう気持ちです。全力でやります」

佐伯は大きく頷くと、さっそく今日の講義に入った。

「三上さん、あなたには夢がありますか？」

佐伯の突然の質問には、いつも面喰らってしまう。なんとなく答えはあるのだが、言葉にするのは難しい。毎回脳みそをフル回転させることになる。

「夢……ですか。そうですね……」

「願望でもいいです。こんな生活を送りたいとか、こんなものがほしいとか」

「今はやっぱり、私の人生のミッション、あれをきちんと果たせる一流のピアノ指導者になることですね。将来的にはピアノを2台置けるようなレッスン室がほしいし。あ、でもそのためには、テナントを借りるか引っ越しするか……」

「なるほど。では、それらをすべて実現に近づける方法があるとしたら、知りたいですか」

「そ、そんな方法があるんですか！」

「ありますよ。とても簡単ですが、多くの人がやっていないことです」

雅人はいつものようにノートを開き、ペンを持った。

「夢を紙に書くんです」

「紙に書く……はい、それから？」

「それだけです」

雅人は顔をあげて目を白黒させた。

「たったそれだけですか!? 紙に書くだけで実現するなら、誰も苦労しないかと……」

「まぁ、そうですよね。でも三上さん、あなたはご自分の夢や目標、願望を紙に書いていますか」

「いえ……書いていません。夢ですから、書かなくても忘れたりしませんし……。もしかして、何か根拠となる統計があるとかですか」

「はは、三上さん、ずいぶん鋭くなりましたね。まずはこの話からしましょうか。ビジネス書ではよく引き合いに出される話ですが、アメリカのビジネススクールでの実験です。まず、『あなたは夢や目標を紙に書いていますか』と学生にアンケートを取りました。その結果、3％の学生は将来の目標を紙に書いていた、13％は将来の目標は持っていたが紙には書いていなかった、84％ははっきりとした目標を持っていなかったそうです。さてここからがこの実験のすごさなんですが、10年後、学生がどうなっているかを追跡調査したらしいんです。すると、目標があっても紙には書いていなかった13％の人は、目標を持っていない84％の人の平均2倍の収入があったそうです」

「目標を持っていた人のほうが、高い確率で夢を実現していた……その結果は、納得できるような気がします。でも、紙に書いた人のほうが、さらに収入が多かったってことですよね」

「そうです。どのくらいの差だと思われますか。将来の目標を紙に書いていた3％の人と、残り97％の人との収入の差は？」

「そうは言っても、紙に書いただけですから……多く見積もって……4倍ぐらいでしょうか」

「いいえ、平均10倍の収入があったんです」

「じゅ、10倍ですかぁ！」

「そう、紙に書くだけで成果に大きな違いが生まれているんです」

「すごいですね。もしかして佐伯さんも、やっていらっしゃるとか……？」

「もちろん！　効果も実感していますよ。年始にざっと書き出すのですが、年末にそのリストを見ると、ほとんどが実現してるという」

佐伯はいたずらっぽく笑ってみせた。

「でも、どうして紙に書くだけで実現するのでしょう?」

「科学的に証明されているわけではないので、私なりの考えになりますが……もちろん、紙に書いただけで夢が実現するかといえば、それはノーです。行動と努力は当然必要になります。ただ、本当にワクワクする夢であれば、努力を努力とも思わない。やりたいことなら、やるなと言われてもやってしまう。特に子どもはそうですよね」

雅人は子どもの頃、野球選手に憧れていた。辺りが暗くなってボールが見えなくなるまで練習していたことを思い出す。確かに、そこに努力という感覚はなかった。

「つまり、ワクワクしないことであれば、紙に書いても実現しない、ということにもなります。たとえばアルバイト先で、ノルマを達成したら時給を上げると言われても、憂鬱になるほど辛くて嫌な仕事なら、ワクワクすることは少ないでしょう。人は、本当に実現したいこと、やりたいことにのみワクワクするものなんですよ。ここがポイントです」

「今の話をうかがって思ったんですけど、教室に演奏会ができるサロンがあったらいいなと……この夢は想像しただけでワクワクしてきます」

「そう、その感覚ですよ。それが『実現の種』なんです。

種がなければ芽も出ない、花も咲かない。心からワクワクする夢を描いたとき、人生に何が

起こるか。『夢が夢ではなくなる』。


　つまり……夢は実現可能だから、思い描けるんです」

「言われてみれば、大人になると非現実的な夢は描かなくなりますね……。野球選手になりたいとか、宇宙飛行士になりたいとか」

「ですよね。世の中のモノやサービスは、すべて誰かが『こんなものがあったらいいな』と思い描いたから現実化したわけです。スタートは、誰かの妄想だったりイメージだったりします。自分の未来も同じなんです。願望を現実に変えたければ、

未来の理想の自分を思い描く【教え⑧】

自分はこうありたい、こんな場所にいたい、あんな人と一緒にいる自分になりたい、社会にこんな貢献がしたい……つまり、夢を考えてみることは『自分の在り方』を見つめるための、手っ取り早い方法なんですね」

「だから、夢を明確に思い描くためにも書くことが有効だと」

「そうです。なるべく詳細に、自分の視点でイメージを言葉にしていくんです。

　自分がやってみたいこと、ほしいもの、なりたいものを100個書き出す【ワーク3】。これを時間があるときに、そのノートでいいですから、ぜひやってみてください。書くとワクワ

クするものであればなんでもいいですよ」

「これは楽しい時間になりそうですね」

「ただし、書き方に関して気をつけていただきたいことがあります。『〜がほしい』とか『〜したい』という書き方は避けてください。『ほしい』と書くと、『ほしいイコール、今は持っていない』という状態が実現してしまう。つまり、いつまでも実現しない」

「『壁一面の本棚がほしい』とかいうのはだめなんですね。ではどう書けば？」

雅人は頭の中で堀之内先生のレッスン室の本棚を思い浮かべながら尋ねた。

「過去完了形で書くんです。さっきのたとえなら、『壁一面の本棚を手に入れました』と」

「佐伯さん、それは変ですよ。違和感があります。だってまだ持ってないんですから」

「それです！　その違和感、『変な感じ』がポイントなんです」

「……」

「人間の脳って面白いんですよ。すでに実現したかのように過去完了形で書くと、脳が勘違いを起こすんです。カラーボックスを本棚として使っているのに、『壁一面の本棚を手に入れた』と書くと、ないのにある状態だと脳は勘違いする。脳には空白を埋めたがる性質があるので、ないものをある状態にするための答えを必死に導こうとし始める。すると、ふだん見えなかった情報が目に飛び込んでくるようになる。家具量販店の前を通りがかったときに、ちょっと本棚のコーナーを覗いてみようかな、と思ったり、すでに使っている友達に相談してみたり、ネットで情報を検索したり……」

「より意識が高まるということでしょうか」

「そうです。カラーバス効果っていうんですけどね。脳は、意識したものの情報を集めようとするんです。たとえば、身の周りの赤いものを探してください、と言われたら、不思議なほど赤色が目に飛び込んできませんか。それまではなんとなく見ていた景色の中から、赤だけが浮き上がって見えるように感じられる」

雅人は、オフィスの窓から外を見る。赤色がどんどん目に飛び込んでくる。

「ホントだ……これは脳の働きを利用しない手はないですね」

「書くだけでも充分効果はあるのですが、もっと実現を加速させたければ、繰り返し読むことです。書いた夢や願望を、いつも見える状態にしておく。朝起きたら必ずノートを見る、でもいいですし、書いた紙をどこかに貼っておく、でもいいでしょう。

レストランと同じで、オーダーが必要なんですよ。レストランでは注文しなければいつまで経っても何も出てこない。『何か温かいものをください』みたいに曖昧な注文でもだめです。アツアツのパンプキンスープなのか、ステーキ皿の上でグツグツいっている黒毛和牛１００％の和風ハンバーグなのか、店員には判断がつかない。脳も、曖昧なオーダーでは混乱します。だから具体的で詳細なオーダーがいいんです」

「ピアノ教室でいえば、教室規約と同じですかね。口頭より紙に書いて保護者に渡したほうが確実ですし、情報に漏れが出ませんよね」

「いいたとえですね！　その通りですよ。さて、夢を実現するにあたって、書くことにプラスして、もうひとつ大切なことがあります」

「まだ何か⁉」

なりたい自分を見ながら生きる

窓に見える並木の葉が、飛ばされまいと枝にしがみついて揺れている。快適な室温に保たれた空間にいると外の寒さを忘れそうになる。演奏会で憧れのピアニストの一音目を待つような心境で、佐伯の次の言葉を待つ雅人。

「イメージすることです」

「えっと……夢や願望をより明確にイメージするということですか」

「やっぱり鋭くなりましたね、三上さん。先ほどもお伝えしたように、世の中のモノやサービスはすべて、誰かのイメージが現実化したものです。聖書の『はじめに言葉ありき』じゃないですが、はじめにイメージありき、ですね」

佐伯は、ポケットからスマートフォンを出して雅人のほうに向けた。

「このスマートフォンもそうですよね。これを開発した人には、世界中の人がスマートフォンを使って便利に生活しているイメージが先にあった。実物を見る前からすでに見えていたから現実になったんです」

画期的な商品も、最初はざっくりしたイメージだったかもしれない。それが世界中の人の役に立つものになる。イメージのすごさをあらためて感じる。

「もしあなたに、なりたい自分があれば、それを見ながら生きるんです。理想の自分のイメージを創り上げて、未来にいるあなたの『後ろ姿』を追いかける感じです。どんな場所でどんな人にレッスンをしているのか、どんな家庭を築いているのか。そんな自己イメージを作り上げるんです」

（でも、ほとんどは夢見る夢男で終わるんじゃないかなぁ……）

信じたいところではあるが、雅人にはまだ疑う癖が残っている。

「ここが重要なんですが、疑うよりも、楽しんで受け入れたほうがうまくいきます。最初は半信半疑でも、『あぁ、そうなんだ、面白そうだからやってみよう』、そんな気軽な気持ちで取り組んでみてください」

（しまった、疑っているのがばれたか……）

ネガティブな思考を指摘されたようで、雅人はバツが悪くなった。

「さらに重要なことがあります。イメージのポイントは感情なんです」

ゆっくりと手のひらを胸につけて、佐伯は続ける。

「夢を詳細にイメージするときにも、心が躍るような、思わず笑みがこぼれるような、ワクワクする気持ちが大切なんです。感情は行動に密接に結びついています。良い感情のときは行動的になれます。ワクワクした感情は行動へと結びつきやすいんですね。もう一度脳の働きを整理しましょう。理想の自分を思い描くと、現実の自分とのギャップが生じます。すると脳がそのギャップを埋めようとして、解決策を探し始める。街を歩いていても、本を読んでいても、テレビを見ていても、お風呂に入っていても、もっと言うと寝ているときも、脳がリサーチし続ける。するとどうなるか？　情報が次々と入ってきて……」

「アイデアが浮かんでくる?」

「そうです、いわゆるインスピレーションです。この**インスピレーションを信じて、とにかくやってみる、行動に移すんです。これだ!と思った講座には参加してみる、この人だ!と思ったら会いに行く。その行動が理想を現実のものにするんです。**インスピレーションを手にできるのは、未来を見て生きている人だけなんですよ」

そう言うと、佐伯は座り直した。

「ご存じの通り、レモンと聞いただけで口の中に唾液が広がりますよね。これはイメージが現実に影響を与えたということです。大切なのはリアリティなんです。脳は、イメージと現実を区別できない。リアリティのある未来の自分をイメージできれば、脳はそれを現実と思い込み、実現のために力を発揮する。

ちょっと実験してみましょうか。さっきあなたは、『自宅に演奏会のできるサロンを持ちたい』と言いました。今から私が質問しますので、なるべく詳細にイメージしてみてください」

雅人は心を整えようと目をつぶってみる。

「サロンの広さはどのくらいですか？　部屋の明るさや、照明はどんな感じですか？……少し歩き回って、壁を触ってみましょう。触り心地はどうですか？　床の色は何色ですか？　どんな材質でしょう？……サロンはどんな匂いがしますか？　ピアノはどの辺りに置いてありますか？　ピアノのブランドは？　鍵盤をそっと押してみましょう……どんな音がしましたか？サロンにいるとどんな気持ちになってきますか？」

雅人はゆっくり呼吸しながら、想像の翼を広げてみた。不思議だ。佐伯の質問が絶妙なのか、そこにいるかのような情景が目に浮かぶ。その鮮明さにちょっと驚いた。

「オーケーです。どうでしたか」

目を開けた雅人は満足顔だった。

「驚きました！　かなり細かいところまで、はっきりイメージできました。実際にそのサロンを歩いてるみたいな」

「いいですね。音楽をやっている人は、イメージする能力に長けていますよね。今みたいなリアリティのあるイメージを持ち続けることで、現実化するための行動が生まれてくる。たとえば、サロンの経営者に話を聞きに行くとか、必要な資金を貯め始めるとか、インテリアの本を買ってみるとか……そんな感じです。イメージによって行動が促されることは、人間に備わった大きな力と言っていいでしょうね」

「あくまでイメージでいいんですよね？　現実とかけ離れていたとしても」

「もちろんです。ただ、曖昧なイメージでは現実になるまでに時間がかかるでしょうね」

「夢とか理想をイメージする作業が、こんなに心地良いとは……」

「それです！　いつも良い気分で生きることは重要です。物事にポジティブに反応する、何かに迷ったら良い気分になれるほうを選ぶ。自分の感情に素直に向き合っていれば、選択に迷いがなくなってきます。納得してすべての道を歩んでいけます。それが、未来の理想の自分への道に導いてくれるんです」

「なんだか元気が出てきました」

「夢を描くこと、未来の理想の自分を思い描くことは、活力を生み出しますからね。なぜかというと、本来の自分に戻れるからですよ。心を忙しくしていると、自分はなんのために生きているかを見失いがちです。でも、どうなりたいか、どう生きたいかを考えることで、忘れていた自分に戻れる。だから元気になれるんです。いつも心をワクワクする思いで満たしておくこと。インスピレーションが降りてきたらそれを信じて動くこと。動いた結果がどうであれ、それを受け入れて楽しむこと。そうすれば、いい現実しか現れなくなりますから！　未来の自分になったつもりで、楽しんで生活してみてください」

佐伯がいつもポジティブで、エネルギーに満ちているのは、そういうマインドで生きているからなのだろう。

「さて、時間になりましたので、今日の講義はこれで終わりです。また一カ月後、と言っても、次はもう新年になるんですね。三上さん、どうぞ良いお年をお迎えください」

子どもの可能性に触れる喜び

永作さんの初レッスンがあったのは、クリスマスが間近に迫った、寒さ厳しいとある日の午後だった。お母さんと手をつなぎながらやって来たのは、４歳の女の子。花音（かのん）という名前で、近くの幼稚園に通っているらしい。目がパッチリしていて、いかにも利発そうだ。きちんとご挨拶ができるところをみると、躾の行き届いた家庭なのだろう。

お母さんは30代後半ぐらいだろうか。ふんわりと巻いたミディアムヘアー、ベージュのニットから見える白襟とネイビーのパンツが清潔感を醸し出している。吐く息が白く残る寒さだったが、インターフォンを押す前に脱いだらしく、ファーの付いたグレーのコートを胸に抱え、玄関口で挨拶をした。

電話で話した感じと変わらず、明るさと落ち着きを兼ね備えた、いわゆる「きちんとした」お母さん。古い建物に驚いている様子もなく、雅人は少し安心した。

聞くと、大きな通りを隔てた向こう側の住宅街に住んでいるという。待ち焦がれてやっと生まれてきたひとり娘で、家には、お母さんが子どもの頃に使っていたアップライトがあるらしい。花音ちゃんはよくそのピアノで遊んでいたようだ。幼稚園のお友達がピアノを習っているのを聞きつけ、教室に行きたいとしきりに言うようになったという。お母さんはずいぶん前からネットでピアノ教室を検索していたそうだ。

電話でもお伝えしましたが……と雅人は念のため、例の2つのことをお母さんに確認した。

「もちろん大丈夫です」

即答だった。自己研鑽している先生、情熱のある先生に習わせたいと思っていたと言われ、雅人は照れた。

「ぜひこの子でいろいろ試して、先生の指導に役立ててください」

ここまで言ってもらえるなんて……雅人は気を引き締め、レッスンの具体的な内容をお母さんに伝えた。それが終わると、いよいよレッスンに入った。小野上先生の講座での学びを思い出しながら、雅人は花音ちゃんに歩み寄るように努めた。

最初は心の壁を感じた。知らない人に会ったときの、あの独特の表情だ。大丈夫、焦るな。心の壁は相手が作るんじゃない、自分が作っているのだから。言葉は優しく、柔らかく……小野上先生の口調や仕草をイメージして、とにかくこの子の心に溶け込むように……。

花音ちゃんの表情が少しずつほぐれていく。お母さんの表情でもわかる。

飲み込みも早い。時々キーッとなるが、できるようになるのが嬉しいらしく、うまくいくとお母さんを見て微笑む。あったかい陽の光のような笑顔。

冬にも関わらず、雅人の額には汗がにじんでいた。緊張による冷や汗なのか。まるで指導経験ゼロの新米ピアノ講師みたいだ。いや、カッコ悪くてもいいんだ。誠心誠意、花音ちゃんと向き合うだけだ……頬を伝う汗を肩で拭う。

繰り返しキャッチボールを試みるも、花音ちゃんの反応はどれも予想外。あらぬ方向に投げ返されたボールをなんとか拾って、手を変え品を変え、違う球種で投げ続ける。そんなちぐはぐなキャッチボールの中で、子どもは何かを感じ、何かを得ていく。そこに指導者の力量が試される。小野上先生が力説していたことを思い出す。

（あっ！）

花音ちゃんと同じタイミングで声を発した。顔を見合わせ、笑い合う。初めて僕の目を見て笑ってくれた。誰かと通じ合えたときの、あの幸せな瞬間。鼻の奥にツーンときて、ごまかそうとして無理に笑って、かえって変な顔になった。

「せんせ、もっとやりたい！」

その後も雅人は、花音ちゃんの予想外のボールを追い続けた。心地良い疲労と幸せを感じながら、なんとか初めてのレッスンを終えた。

「また来週、よろしくお願いいたします」

玄関でお母さんは頭を下げた。

「花音、楽しかったぁ！」

お母さんを見上げるその笑顔を見ていたら、雅人の口から言葉が出た。あまりに自然に。

「花音ちゃん、来てくれて、ありがとうね」

花音ちゃんはキョトンとして、首をこっくりこっくりさせる。そのしぐさが面白くて笑いが生まれた。お母さんと一緒にご挨拶をすると、花音ちゃんは小さく手を振って帰って行った。

壁にもたれて、雅人はしばらくじっとしていた。ピアノのレッスンって、こんなに楽しいものだったんだ。音楽で心が通じ合うって、こんなに幸せなことだったんだ。子どもの可能性に触れるって、こんなに感動的なことだったんだ。

やっとわかった。出会ったピアノの先生方は、この瞬間を知っているからこそ、あんなに幸

せそうに、あんなに感謝の心でレッスンを語れるんだ。正直、準備していたことはほとんどできなかった。反省点は山ほどある。でも、大切なものをたくさん手にした実感があった。すぐにでも次のレッスンの準備に取り掛かりたいと思った。レッスンで初めて味わった充実感。

（今日の感動を忘れなければ、幸せな指導者として生きていける）

花音ちゃんとのモニターレッスンは、あと3カ月。とにかく全力で取り組むだけだ。雅人の目には、これまでのそれとは少し違った輝きがあった。

幸せは感謝の気持ちが連れてくる

ゆるやかな上り坂にさしかかり、雅人は自転車のペダルに力を入れる。おでこに冷気が当たってキンとする。少し赤くなった鼻を覆うようにマフラーを上げる。

新年を迎えて1週間が過ぎた。お正月の浮かれた雰囲気はすでに薄れ、世の中に日常が戻ってきていた。雅人は、母校の帝国音楽大学に自転車を走らせている。

残り2回となった佐伯の講義。今日は音大で会うことになっていた。佐伯が母校から学生向けの講演を依頼されたらしく、講演後に会ってくれるというのだ。それにしても、外部の人間が聴講できないのは残念だ。新年早々、佐伯の話を聴ける学生が羨ましい。

少し効きの悪くなってきたブレーキをかけて、雅人は音大の駐輪場に停める。冷たい手で自転車の鍵をかけると、マフラーを巻き直して歩き出した。

帝国音楽大学には、新しくできたＧ館というホールがある。佐伯の講演はそこで行われるという。雅人はロビーの椅子に腰かけて、講演が終わるのを待つことにした。予定ではあと数分で終了のはずだ。首に巻きつけたマフラーをくるくると外す。

扉の向こうから拍手が聞こえてきて、学生たちがぞろぞろと出てくる。ほどなくして大学の関係者と思われる男性と一緒に、佐伯がロビーに姿を現した。彼が自分に気づいたのを確認して、雅人は立ち上がる。関係者と二言三言かわして一礼すると、佐伯は大股で歩み寄ってきた。

「三上さん、お待たせしました。じゃ、上に行きましょう」

Ｇ館の２階は、大学院生のための棟となっている。学部生はめったに来ないので新鮮な景色だ。奥の一室が佐伯の控え室。ポケットから鍵を出すと扉を開け、雅人を中へといざなった。それほど広くはないが、しっかりとした応接セットとフルコンのピアノが白い壁に映えている。

向かい合わせのソファを勧められて、カバンを置いて座る。今日の佐伯は、高級感のあるフランネルのツーピーススーツを身にまとっている。胸には印象的なオレンジのチーフ。できる人はオシャレをしても嫌味がない。

しばらくの間は、先ほどの講演の話題となった。ビジネスの世界で活躍する卒業生を迎え、現役の学生にさまざまなビジョンを見せることが音大側の狙いだったようだ。

「さて、いよいよ講義も最終段階ですね」

いつもと変わらず佐伯は快活だ。2時間も話した後なのに、まったく疲れている様子がない。

「今日は生きる上で、そして仕事で成功するために大切なことをお伝えしましょう」

雅人は慌ててカバンの中からオレンジのノートを取り出す。その様子を佐伯は静かに見守っている。お願いします、という感じで視線を送ると、にっこり微笑んで、佐伯は言った。

「前回、夢を描くこと、未来の理想の自分を思い描くことをお話ししましたね」

「はい、さっそくやってみました。ものすごく楽しいワークでした」

「それは良かった。夢や願望を抱くことは、本来の自分を見失わないためにとても大事です。でも、人間はどこまでも満足することがない生き物なんですね。次々と欲が出て、もっともっとと望む。たとえば、生徒が10人集まればあと5人、20人集まれば今度は30人……いつまで経っても満足することがない」

「……夢を思い描くワークを終えた後、自分って欲張りだな、みたいに感じました」

「誤解しないでください。欲を持つことがいけないわけではありません。欲があることで人間は成長できる面もありますからね」

何かを求める気持ちは、努力に転換できる。考えてみれば、目標を達成したいという思いも、欲の一種と言えるだろう。

「人間の欲は尽きないんですよ。次はあれ、今度はこれと次々に手を伸ばす。あれを手に入れれば幸せになれるはず！　そう信じて頑張る。でも、手に入れてみてわかるんです。その幸せはほんの一時的なものだったと。そしてまた手を伸ばす。いつまでも満足できない、幸せになれない。そういうループにはまってしまうんです」

テーブルに置いた鍵をポケットに戻しながら、佐伯はゆっくりと言った。

「では、どうすればいいのか……。

幸せは、今この瞬間に感謝することで得られる【教え⑨】

ものなんです」

雅人は花音ちゃんの初レッスンの日のことを思い出していた。あの幸せな瞬間。あのとき心に生まれたのは、感謝だった。

「ありがとうという言葉は、『有り難い』と書きますね。どんなに当たり前と思うことも、本当は当たり前ではない。有ることが難しいんです。でもその有り難さに気づきにくい。当たり前すぎるからです。空気だってそうですよね。なければ５分も生きていられない。雨風をしのぐ家があること、食べるものがあること、すべて、有り難いことなんですよ。これに気づくと、今のこの瞬間が奇跡の連続だということがわかる。目の前にいる生徒もそうですよね。星の数ほどあるピアノ教室から、ここを選んで来てくれた。雨の日も風の日も、猛暑の中、厳しい寒さの中、何年も同じ時間に教室へ通ってきてくれる。その有り難さに気づける人は、かけがえのない存在だと思いながら生徒と向き合います」

まさに宇田川先生も同じことを言っていた。自分も、生徒が有り難い存在だと思えていたならば、きっと向き合い方が大きく異なっていただろう。

「すべてが有り難いことだと気づいたとき、人は感謝したくなります。今生きていることに感謝したくなります。そのときの感情こそが、幸せなんです」

佐伯は、胸の前で指を組みながら言葉を重ねていく。

「人は、いつ、どこでも、誰とでも、一瞬で幸せになれるんです。感謝することは、この瞬間を大切にすること、この瞬間の最高を追求することと同じです。ピアノのレッスンも同じですよね。最高の笑顔、最高の挨拶、最高の質問、最高の声かけ、最高の宿題の出し方、最高の別れ方……あらゆることにおいて最高を目指したいという思い、それが行動につながっていく」

話を聴いた先生方の顔が次々浮かんでくる。最高を目指している人にしか語れない言葉、幸せそうな笑顔……。自分のような見知らぬ人間に、なぜここまで惜しみない愛情を注いでくれるのか、不思議だった。雅人はようやく理解した。その言葉、その笑顔の奥にあるもの。それが「感謝」だということを。

「そういう気持ちでいると、物事の良い面が自然に見えてきます。成功には頑張ることも必要ですが、もっと大切なのは「おかげさま」という気持ちです。人間ひとりでは生きていけないのと同じで、自分ひとりの力では決して成功できません。有り難い、おかげさまいう気持ちで生きていれば、周りの助言にも素直に耳を傾けられますから、人から手を差し伸べてもらえる。感謝は心を柔らかくしてくれます。心をじんわりとあたたかくしてくれます。心からの感謝が奇跡を呼び寄せ、新たな一歩につながるんです」

そうそう、そういえば……という感じで佐伯は問うた。

「三上さんは、今も毎朝手帳でスケジューリング……朝スケをしていますよね？」

「はい、教えていただいた『できたことメモ』も続けてます」

「もしよければ『感謝メモ』も始めてみてください」

「……感謝のリストを作る？」

「そうです。前の日に、有り難いなと思ったことをメモする【日課5】だけです。たとえば『ちっとも練習しようとしなかったA君が、この曲大好き！と言って、自分で最後まで譜読みしてきた。ありがとう』みたいな感じです。もっと何気ないことでもいいですよ。『今日も美味しいコーヒーが飲めた』とか、『見事な満月を拝めた』とか」

「書き出すことで意識が高まる、ということでしょうか」

「そう、感謝メモをつけていると、小さな幸せに気づきやすい体質になります。些細なことに感動できる、自然の手触りに、季節の移り変わりに、生きていること、生かされていることを実感する……これらは心の感度が上がっている証です。心の感度が上がると、いつもは見えないチャンスや幸運に気づきやすくなるんです」

感謝メモ、と雅人はノートに書きつけた。

「感謝は、回りまわって自分に返ってきます。あなたがピアノ教室を再開したらぜひ、ありがとうがたくさんある教室にしてください。

ありがとうで満ち溢れた教室は、幸せな気持ちに満ち溢れます。そういう教室が繁盛しないわけがありません。

人の心も教室も、すべて内側からなんですよ」

人の心も教室も、すべて内側から……いい言葉だなと思った。

「では、今日はここまでにしておきましょう。また一カ月後に」

与えれば与えるほど与えられる

佐伯の講義がスタートして、もうすぐ半年が経とうとしている。いよいよ佐伯の教えも「あとひとつ」を残すのみとなった。これまでの９つの教え。雅人は教えを忠実に実践して、ここまでやってきた。生活に劇的な変化はないが、心は大きく変わってきたように思う。

すべてを自分の責任と捉えることで、物事を主体的に考えられるようになった。人生のミッションを掲げることで、時間を大切に使えるようになってきた。学び続けることで、少しずつ成長の兆しも感じ始めた。何より、日々穏やかに過ごせるようになった。そして気づいた。心がマイルドになると、こんなにも生きやすくなることを。

雅人自身が一番驚いていることがある。書き続けているブログが、思わぬ展開をし始めたのだ。ほどなく修了を迎える小野上先生の連続講座。その受講者の先生方の間で、雅人のブログが話題になっているという。雅人は、自宅にあった教材を片っ端から研究してブログの記事にまとめていた。楽器店で心惹かれる教材があれば購入して研究、紹介し続けている。その記事が好評で、とても勉強になると多くの先生から言われた。

教材の話題以外にも、音楽に関する情報や指導法講座で学んでいること、佐伯から学んだ人生で大切なこと、実践してわかったことなどを、時間を決め、集中して書き上げている。心掛けているのは、不確かなことは避け、本当のことだけを書くこと、誰も傷つけない文章を書くこと。そして佐伯の教えである「時間は命そのもの」という点。相手の時間をいただくのだから、訪問者の貴重な時間を無駄にしないように、「読んで良かった」と思えるような記事を目指した。アクセス数も増え始めている。

小野上先生の連続講座でも、ようやく先生方とのつながりができてきた。悩んだときに相談できる先生にも出会った。どれだけ心強いかわからない。

雅人は思った。自宅で教える個人教室のピアノ指導者は、どうしても孤独になりがちだ。でも、外に出て求めさえすれば、多くの先生方と知り合い、輪は広がっていく。先生だけではない、楽器店の人、出版社の人、調律師さん……。ネットもあるが、情報の本質というか、空気感みたいなものが掴みにくい。やはり人伝えでしか得られないものが必ずあるのだ。もっと、ピアノの先生方が心でつながるような、横のつながりが広がるような、そういう「流れ」ができれば、業界はさらに盛り上がっていくのではないか。雅人は、そんなことも考え始めていた。

＊　＊　＊

32階に到着し、エレベーターから降りる。時はあっという間に流れ、2月下旬。今日が佐伯の最終講義の日。雅人は、佐伯と再会したときと同じ、ホテルのラウンジに向かっていた。

ラウンジに入ると、佐伯はすでに到着していた。片手を軽く挙げると素早くノートパソコンを閉じて、変わらぬ笑顔で迎えてくれた。雅人の前に人と会っていたそうだ。雅人はカプチーノを、佐伯はコーヒーのお代わりを頼んだ。

「いよいよ最後の講義になりましたね」

半年間はあっという間だったでしょう、と佐伯はねぎらう。

「ほんとにそうですね。無我夢中で駆け抜けたって感じです。つい先日、小野上先生の連続講座も終わり、修了証書をいただいたところです」

「それはおめでとうございます。モニターレッスンのほうはいかがですか？」

「すごく楽しいです。学んだことをそのまま実習できますし。お母さんも協力的で、グングン伸びているのがわかります。ただ、3カ月限定でお引き受けしたので、残りあと1カ月ですね」

ふむふむ、という感じで嬉しそうに聞いてくれる佐伯。ウェイターがコーヒーを持ってきて静かに置いた。

「良い流れが来ているようですね。さて、では始めましょうか。いよいよ最後のお話です」

雅人のノートの残りが、あと3ページになっていた。

「ブーメランをイメージしてみてください。ブーメランは投げたら戻ってくる。同じように、

周囲に与えたものは自分に返ってくる【教え⑩】

自分が発した言葉、抱いた気持ち、実践した行為、それらは必ず自分に戻ってくるんですね。人に親切にすれば親切にされる。感謝すれば感謝される」

「最近、それをよく感じています。笑顔で話すと、相手も笑顔になるし……」

「そう、世の中って鏡なんですね。したことがそのまま自分に返ってくる。だから、自分が幸せになりたければ、まずは誰かを幸せにしてあげればいい。人を喜ばせたかったら、まずは自分が喜ぶことなんです」

鏡の例えはわかりやすい。鏡の向こうの自分を笑顔にしたければ、笑うしかない。人間関係も同じだということだろう。

「ではなぜ、人に与えると自分が与えられるのか?」

佐伯は神妙な面持ちで問いかけ、自ら答えた。

「スペースなんですよ」

「……スペース?　空間とか余白の、ですか?」

「そうです。与えるとスペースが生まれる。部屋から物を出せばスペースができますね。それと同じで、心に受け入れる余地が生まれる。与えれば与えるほど、もっとスペースができる。つまり、新しいものを受け入れられるようになるから、心が豊かになる」

何かを受け取るためには、両手いっぱいの荷物を降ろすしかない、そんな話を聞いたことがある。心の余裕ということだろうか。

「三上さん、質問です。誰もが持っているもっとも大きな才能というものがあります。なんでしょう?」

「ということは、私にもあるんですよね……うーん……」

「それは『人を喜ばせる才能』です。生まれたばかりの赤ちゃんがまさにそうです。元気な産声、笑った顔、それだけで人を喜ばせることができる。見返りという概念すら知らないその純粋さ。素晴らしい才能ですよね」

赤ちゃんの笑顔につられて目を細めた経験は、もちろん雅人にもある。

「人を喜ばせることは、与えることに他なりません。誰かを喜ばせることに幸せを感じる。純粋無垢な、すべての人間に与えられた才能です。そして、与えられた人は同じように相手を喜ばせたくなって、また与える……そんな循環が生まれる。私からの最後の教えはこれなんです。『与えれば与えられる』という法則」

「スペース……すごくわかりやすい例えですね」

「幸せな人、成功している人、充実している人、すべてに共通するのが『与え好き』という点です。ピアノの先生でいえば、頑張っている生徒のためなら、レッスン時間外のプライベートタイムを差し出してでも応援してあげる。レッスンの良い情報があれば、惜しみなく教えたりネットでシェアしたりする。

ポイントは、一切の見返りを期待していないことです。『ただただそうしたいから』、そんな一点の曇りもない、純粋なシェアマインド。さらに喜びという感情も込められている。そういう人に、何かしてもらったらどうです？」

「次は自分が何かお役に立ちたい、喜んでいただけるようなことをしたいなって思います」

「それなんです。回り回って自分自身のためになっている。やっぱり与えることは、受け取ることなんですね」

雅人は思いついて佐伯に言った。

「佐伯さん、私がブログを始めたことはお伝えしましたよね」

「ええ、モニターレッスンを始めるきっかけにもなったブログですね」

「はい。毎回、できるだけ誰かのためになるように、何かを感じてもらえるように……そう願いながら書いていたら、読者の方から嬉しいコメントが来たり、こんなのもありますよって新たな情報をいただいたり。これってもしかして……？」

佐伯は人差し指を雅人に向け、目を大きく見開いて言った。

「与えれば与えられる、まさに法則通りですね。与えるといっても、お金や物である必要はないんです。人を勇気づけるような言葉、優しいメッセージ、時間や労力、笑顔、相手を思う気配り、ありがとうという言葉……そうした誰にでも与えられるものこそ、価値がある。以前、人は魅力的な人に集まってくると言いましたよね」

「はい、魅力のある人は学び続ける、学ぶ人は素直で謙虚だっておっしゃっていました」

毎日ノートを眺めているので、佐伯の教えはスラスラと答えられる。

「それプラス、惜しみなく与えられる人が魅力ある人です。しかも、相手の期待値を超えてくる人。思わず心を動かされてしまう人。そういう人は、必ず成功するでしょうね」

心を動かされる……その言葉に、雅人は数週間前の出来事が浮かんできた。

「今のお話を聞いて、思い出したことがあります。連続講座が修了してすぐに、小野上先生から直筆のハガキが届いたんです。お忙しい先生なのに、受講者一人ひとりに手書きのメッセージを送られるなんて……。書いていらっしゃる姿を想像して、ジーンときました」

「きっと生徒さんにも同じようにされていると思いますよ。相手を喜ばせることは、たいてい非効率なことです。時間や労力もかかるし大変なんですよ。別にやらなくてもいい。でも、感動はそこからしか生まれない」

あごを指で軽くつまむような仕草で、佐伯は続ける。

「たとえば、風邪で休んだ生徒さんに電話をかけていたわったり、誕生日にバースデーカードを贈ったり。ただ心からそうしたいと思うからそうする。行為が純粋であればあるほど、人はそこに心動かされるわけです」

バースデーカードか……。入会記念日に毎年カードを贈ってもいいかもしれない。

「ビジネスでも教室運営でも、うまくいく方法はたったひとつ。地道に積み上げることです。一番上の階からビルは建てられません。基礎から地道にやるしかないんです」

佐伯はこれまでになく真剣な表情で話し始めた。

「まずはたったひとりの生徒をこの上なく大切に育てるんです。どうすれば成長させられるかを考え続ける。習う側の期待以上のものを与えて与えて、与え続ける。その積み重ねなんです。そうすれば生徒は自然に集まります。そういう先生は必ず話題になりますから」

すべては、指導者の人間力なのだろう。それが教室を形づくる、すべての基礎となる。

「**出会った人から何かを得ようとするのではなく、出会った人に自分は何ができるかを考える。相手に多くを与えられる人が、結局は多くを得ることができるんです**」

佐伯の言葉がズシンと心に響いた。これまで自分は、他人からもらうことだけを考えていたかもしれない。人の演奏会には行かないのに自分のときは来てほしい、ろくに動きもせずに仕事はもらいたい……そんな都合のいい話はない。これからは考え方を180度変えて生きていこう。

「三上さん、これで講義は終わりです」

……そうか、終わってしまうんだ。もう佐伯さんに会えなくなる。突然淋しさに襲われた。

「そうそう、先ほどチラッと見えたんですが、あなたのノート、残り１ページでしたね」

さすがの観察眼だ。

「私は最初にあなたに聞きました。あなたにとっての成功とは何か、と」

「ええ、まだその答えは見つかっていないのですが……」

「もし見つかったら、最後のページに書いてみてください。書き終えたとき、世界でたったひとつのあなたの成功ノートは完成します」

ふと思いついたことが、咄嗟に口をついて出た。

「佐伯さん、ちょっとお願いがあるんですけど」

「なんでしょう?」

「半年という長い間、これだけのことを教えていただいて、本当に感謝しています。でも、このままお別れしてしまうのは淋しすぎるというか……何年かかるかわかりませんが、成功とは何かの答えが見つかったときにご連絡してもいいでしょうか」

「もちろんですよ。私もぜひ聞かせていただきたいです。何年でもお待ちしていますよ」

佐伯は颯爽と立ち上がり、いつものように笑顔でスッと手を差し出す。手を握ってしまうとすべてが終わってしまうようで、雅人は差し出された手をしばらく見つめていた。

（これからは自分の力で道を切り開いていくんだ）

決意を込めて、両手で佐伯の手を握った。そして、その手に頭を下げ、少しの間そうしていた。佐伯がもう一方の手で雅人の肩を軽くたたいた。込み上げてきそうになって、雅人はこらえた。思えば、佐伯に出会ってから、何度、目を潤ませただろう。悔しくて、情けなくて。それがいつしか、涙腺のスイッチを押す役を、感動が独占するようになっていた。

顔を上げた先にあったのは、いつもと変わらぬ笑顔だった。

「いつもあなたの成功をお祈りしています。念ずれば必ず道は開けます」

佐伯は笑顔を残して去っていった。

力が抜けてしまったようにソファに腰かけた雅人は、しばらく呆然としていた。

講義が終わってしまった……。あっという間に駆け抜けた半年間。一つひとつが、かけがえのない教え。雅人は窓の空を見て目をつぶり、深呼吸して心を落ち着かせる。

（大丈夫、大丈夫だ）

ゆっくり、ゆっくりと、自分に言い聞かせる。

しばらくして目を開けた。オレンジのノートが目に入る。大切そうに両手で持ってカバンの定位置にしまった。

「よし！」とつぶやいて立ち上がる。佐伯のように颯爽とはいかないが、気持ちは晴れやかだった。

2月の澄み切った青空を横目に、雅人は微笑のまま、ラウンジを後にした。

ピアノ教室再開に向けて

佐伯の講義が終わって1週間。

時間が経つにつれて、雅人はなんとも言えない虚無感に襲われていた。半年の間、佐伯の講義を受け、とにかく実践しようと必死で生きてきた。毎日の心の支えだった。その講義が終わってしまった。全身の力が抜けてポッカリ穴があいてしまったような、そんな一抹の淋しさがあった。

だが、いつまでもこのままではいられない。自分には成功の秘訣が詰まったノートがある。何かあれば、ここに立ち戻ればいい。これからは、このノートが心の支えだ。

雅人は、ピアノ教室の再開に向けて動き出した。1カ月後の春の新学期シーズンに照準を合わせて、教室をリスタートする日を決めた。

4月1日。雅人の30歳の誕生日。ピアノ教室は新しく生まれ変わるんだ。

ノートに教室再開の日付を書きながら雅人は誓った。できる限りの準備をして、その日に備えよう。

最初に取り組んだのは、教室の規約作り。トラブルを未然に防ぐため、そして教室運営を円滑にするためにも、これは必須だとビジネス書にも書かれていた。月謝を滞納したまま辞められたことも、知らせもなく突然辞めてしまった生徒がいたことも、結局は自分の責任。教室の約束事をきちんと決めて伝える、そんな当たり前のことをやらなかったからだ。失敗を繰り返さないように、雅人は入会のしおりも併せて作ってみた。

月謝の価格は、モニターレッスンを始めるとき、雅人は悩みに悩んで、あえて近隣のピアノ教室より高めに設定していた。いただいた金額以上のレッスンを提供することは大前提。その責任の重さはもちろん承知している。月謝を高めにすることでのリスクも考慮済みだ。そのリスクを負ってでも、雅人は自分自身の勉強、そしてより良いレッスンを提供するための勉強に費やす時間と資金の確保にこだわったのだ。

一度月謝の価格を決めたら、上げるのは相当大変だろうことは想像に難くない。常にレッスンのスキルは上げていくつもりだが、月謝の値上げは簡単にはできない。であれば、最初から長期的な視点ではじき出した金額にしておくのがベストだろうと考えたのだ。

教室のホームページも作り直すことにした。ホームページのセンスの良さに感心したことを結城に伝えたところ、ウェブデザイナーを紹介してくれたのだ。彼の知り合いということで、特別に割引価格にしてくれたのが嬉しい。

プロフィールは、学歴よりも「志」や「人柄」の部分を強調して作ってみた。ピアノを習わせたいお母さんが一番知りたいのは、「自分の子をどう育ててくれるか？」の部分。人生のミッションや強みを書き出すワークをやっていたおかげで、スムーズに書けた。

ブログでは、教室再開の日に向けたカウントダウン記事も始めた。準備の様子や、教室のリスタートへの思いを綴っている。

モニターレッスンで得た経験をもとに、指導カリキュラムをていねいに作った。単発の指導法セミナーにも参加してみた。できるだけたくさんレッスンの情報も吸収したくて、ネットにあたった。これは違うなと思う情報もあったが、自分のレッスンを見つめる良い機会になった。ピアノを教えている同級生とコンタクトを取って、いろいろアドバイスをもらったりもした。どんなことでも、今の自分には貴重な情報。雅人は文字通り貪欲に学び続けた。

こうして、教室再開までの一カ月は、あっという間に過ぎ去ろうとしていた。

最高の誕生日

3カ月限定で実施している花音ちゃんのモニターレッスン。ついに今日が最終日だ。悔いはない。学んだことをすべて注ぎ、できる限りのことをしてきた。まさにこれからが楽しみというタイミングだけに、願わくば、このまま継続してほしい。今日のレッスンで相談してみよう。もし続けてもらえなかったら……仕方のないことだが、想像するだけで雅人は淋しくなった。

お母さんと花音ちゃんがいつものようにやって来た。雅人は、これまでとまったく同じように迎え、いつものように最後のレッスンを終えた。ご挨拶を終え、花音ちゃんは楽譜を入れるためにレッスンバッグに手を伸ばす。雅人と目が合ったタイミングで、切り出したのはお母さんのほうだった。

「今日でモニターレッスンは最後ですよね」

「そうですね。これまで、ありがとうございました。花音ちゃんとのレッスンを通して、すごくたくさん学ばせていただきました。すごく自信にもなりました」

「先生、そのことなんですけど、もうすぐ教室を再開されるんですよね？」

「あ、はい。あと少しで教室のリスタートを予定しています」

「でしたら、このまま花音に教えてくださいませんか？」

「よ、よろしいんですか！　私は、大歓迎ですが……」

お母さんは目尻を下げて、花音ちゃんの頭を撫でながら言った。

「この子がこんなに喜んでレッスンに通っているんですから、もちろんです！」

「ありがとうございます！　ただ、これからは正規の料金になりますが……」

「ええ、むしろこれまで半額で教えていただいていたのが恐縮なくらいです」

お母さんのひと言ひと言に、言葉で表せない感激を覚えていた。

「ブログで読みました。教室を再開される4月1日は、先生のお誕生日なんですよね」

驚いた。そこまで読んでくださっていることに。

「先生のお誕生日に、花音を生徒第一号にしてください」

お母さんが深々と頭を下げる。雅人も勢いよく頭を下げた。お母さんに負けないくらいに。

クスクス笑う声でハッとした。花音ちゃんだった。小さな手を口元に当てて笑っていた。大の大人が頭を下げ合っているのが面白かったのだろう。雅人もお母さんも、どちらからともなく笑い合った。

＊　＊　＊

迎えた4月1日。雅人の第二の人生がスタートした。

花音ちゃんがお母さんと手をつないでやって来た。

思いもよらない、大きなプレゼント。

教室再開の日に、生徒がいる。それだけで幸せだった。

「大切に大切に育てていこう。ありがとうがたくさんある教室にしよう」

雅人はそう誓った。

ピアノ指導者としての成功とは

佐伯は社長室に入ると、革張りの黒いデスクチェアーに体をあずけた。取り引き先との面談、紆余曲折あったが、望ましい着地点に辿り着けた満足感に、しばし浸る。整頓されたデスクの端に、秘書が置いていった手紙や封筒があった。手を伸ばして一つひとつ眺める。残り何通かというところで手が止まった。白い封筒。珍しく手書きで宛名が書いてある。裏返すと、「三上雅人」の文字。柔らかな背もたれを感じながら、引き出しからレターオープナーを取り出す。封筒から取り出した三つ折りの便箋。腕時計を見る。次のアポイントまではまだ時間がある。佐伯は手紙に目を落とした。

佐伯宗一郎 様

すっかりご無沙汰をしてしまい申し訳ございません。お元気でいらっしゃいますか。ピアノ教室を再開して5年が経ちました。ずっとご連絡をと思いながら、年賀状だけのご挨拶になってしまったこと、心からお詫び申し上げます。

私は、佐伯さんの最後の講義の日に、『ピアノ指導者としての成功』の答えが見つかったらご連絡をすると申し上げました。正直なところ、まだ明確な答えには至っていません。ただ、これかもしれないというものがようやく見えてきましたので、お手紙を差し上げた次第です。

佐伯さんのおかげで、私の人生は大きく変わりました。これまで私は、佐伯さんの教えを愚直に守り、すべてのことに誠実に取り組んできました。新しい試みにも挑みました。たくさん失敗もしましたが、いずれも良い経験として、今に生きています。佐伯さんには感謝の言葉しかありません。

佐伯さんとのワークで導き出した、『ピアノを通じて人生で大切なことを教え、感謝できる人間を育てる』という理念を貫き、ピアノの弾き方だけでなく、人として大切にすべきこと、利他の心や感謝の気持ち、何事にも果敢に挑戦する前向きな姿勢、学びの継続、大きな夢を描くこと……人生で大切なことを、音楽を通じて子どもたちに伝え続けています。

手前味噌ではありますが、確かな成果を感じながら、さらなる高みを目指して励む日々です。生徒も増え続け、ようやくレッスン枠がすべて埋まりました。

これまでピアノ指導に携わって、たくさんの感動的な場面に出会いました。たとえば、生徒から一生懸命書いたお手紙をもらったり、保育士になった子が『先生に教えてもらったことが仕事に役立っています』と報告に来てくれたり。発表会の最後に、生徒と保護者が私に歌のプレゼントをしてくれたこともありました(まったく知らされていなかったので、驚きました！)。

そういった経験を重ねるうちに、ようやく見えてきたのです。『ピアノ指導者としての成功は何か』の私なりの答えが……。

ピアノ指導者にとって、教えることの幸せを心から実感したときが、真の成功である。

これが、現時点での答えです。正直、正解かどうかはわかりません。教えるのを辞めるときまで答えはわからないかもしれません。ただ、ピアノの先生は素晴らしい仕事だと心から感じています。そして、私はとても幸せです。

先月、田舎の恩師と数年ぶりに会いました。佐伯さん同様、今の私を作った方のおひとりです。その先生が、私に教えてくださいました。

『もし、あなたがレッスンで疑問や迷いを感じたら、この言葉を思い出しなさい。

〈私は、誰を幸せにするためにピアノを教えているのか〉

答えは、もちろん生徒たちよ。私たちピアノの先生は、目の前の生徒を確実に幸せにできる。なぜなら〈音楽〉を教えているのだから』と。

恩師の言葉で、私は気づきました。ピアノの先生は、音楽、そしてピアノの素晴らしさを伝える使命を持っている。私たちは音楽によって助けられ、慰められ、かけがえのない仲間を得てきた、そのことを伝える使命を持っている。世界中のピアノの先生方がこの使命と真剣に向き合えば、それは、世界を変えるほどの大きな力になるはずだと。

私はこれからも、この仕事への自信と誇りを持って、そして、生徒の幸せをいつも願いながら、ピアノを教え続けていきます。

蛇足ですが、実は先月、小さな雑居ビルの一室に教室を構えました。佐伯さんが教えてくださった『未来の自分をイメージする』こと、この力強いパワーを実感した瞬間でした。狭いですがレッスン室もふたつあります。私の教室名はこれまで三上ピアノ教室としていましたが、移転に伴って思い切って変えることにしました。

『夢をかなえるピアノ教室』

ある生徒さんのお母さんのひと言がヒントになりました。その子はいわゆる落ちこぼれというレッテルを貼られていたのですが、私の教室に初めて来たとき、私は彼の中に、最後の生徒を失った頃の自分を見たのです。私は、自分の指導理念を貫き、彼との時間を大切に過ごしてきました。やがて彼は、ひとつの夢を描くようになりました。将来、海外で医療支援活動をしたいと。そしてこの春、見事志望校に合格し、今、未来の自分を見つめながら、勉強に、そしてピアノの練習に励んでいます。そのお母さんがおっしゃってくださいました。『先生の教室は、夢をかなえるピアノ教室ですね』と。

近々、お礼の気持ちもこめて食事にご招待させていただこうと思っております。飲食店経営者の佐伯さんをお連れするのですから、少し緊張しますが、私の故郷、岩手の郷土料理を出すお気に入りの店があります。それから私事で恐縮ですが、佐伯さんの課題をこなしている最中に偶然再会した女性と、来春、結婚することになりました。ふたつあるレッスン室のひとつは、彼女が使っています。

もうひとつ、私どもの結婚披露宴は、佐伯さんの経営するレストランで、生演奏に包まれながら行いたい、というのが二人共通の夢になっています。佐伯さんが私たちを結び付けてくださったのですから。そのご相談もさせていただければ幸いです。近日中に、あらためてご連絡いたします。

佐伯さん、本当に、本当にありがとうございます。

心からの感謝を込めて。

三上雅人

おわりに

　本書は、弊社（株式会社リーラムジカ）サイトで公開していたウェブ連載を書籍化した「小説仕立ての実用書」です。書籍にするにあたって、より読みやすく、少しでも内容が心に残るようにと大幅に手を加えました。フィクションの物語ではありますが、私のこれまでの経験をふんだんに盛り込んでいますので、きっとリアリティを感じていただけたのではと思います。「ピアノ指導ほど夢のある仕事はない」。これが、本書を貫いている私のたった一つの思いです。ピアノのレッスンを通して、子どもたちの可能性と出会い、共に悩み、笑い合い、時には涙しながら、芸術の素晴らしさや努力することの尊さ、感謝することの大切さ、希望を失わずに夢を追いかけ続けること……そんな人生で大切なことを、私たちは彼らと共有しています。子どもたちと感動を分かち合い、共に成長できる。本当に素晴らしい仕事だと思います。

　この本は、レッスンへの情熱と愛情に満ちたピアノの先生と、私たちのこの仕事の素晴らしさをあらためて一緒に味わっていただきたい、これからピアノ指導者を目指す人たちに、夢を持ってこの世界に飛び込んでいただきたい、そんな思いで書き上げました。何かひとつでも、心に残るものがありましたら、著者としてこの上ない喜びです。

本書の出版にあたって、たくさんの方に多大なお力をいただきました。素敵な本に仕上げてくださった、中学・高校の同級生で大人気装丁家の名久井直子さん、素晴らしい装画と挿画を描いてくださったイラストレーターのふすいさん、私の拙い文章と根気強く向き合ってくださった音楽之友社出版部の岡地まゆみさん、貴重なアドバイスをくださった営業部の笠井亮さん、宍戸佐弥さん、唐沢貴美穂さんには、この場をおかりして厚く御礼申し上げます。

毎週、熱心に私のメルマガをお読みいただいている全国のピアノの先生、そして「ピアノ講師ラボ」の会員様、いつも変わらぬご声援をいただき、本当にありがとうございます。心からの感謝とともに、これからも精進してまいりたいと思っています。

最後に、本書をお読みいただいた方に、特別なプレゼントをご用意いたしました。本書のテーマ曲であるピアノ曲の楽譜です。素敵な作品ですので、ぜひ左記のＵＲＬからダウンロードして弾いてみていただけましたら幸いです。

最後までお読みいただき、本当にありがとうございました。皆様の幸せなピアノ講師ライフを心よりお祈りしております。

株式会社リーラムジカ　代表取締役　藤　拓弘

「夢をかなえたピアノ講師」テーマ曲の

楽譜ダウンロードはこちらから

https://www.yumekana180.com/gakufu

＊このピアノ曲に関する著作権はすべて、「株式会社リーラムジカ」に帰属します。お問い合わせの際は、弊社までご連絡ください。楽譜の無料ダウンロードは予告なく終了することがありますので、あらかじめご了承ください。

株式会社リーラムジカ
Phone＆Fax：03-3371-1665
Mail：info@pianoconsul.com

profile

藤 拓弘

Takuhiro Tou

株式会社リーラムジカ代表取締役。ピアノ指導者。東京音楽大学ピアノ科卒業、東京学芸大学大学院修了。ドイツ・ハンブルク音楽院修了。2,000人を超えるピアノ講師との出会いや著名人との豊富な人脈を生かし、会員制サービス「ピアノ講師ラボ」にて全国のピアノ指導者に価値ある情報を提供。ピアノの先生の輪を広げ、業界の底上げと社会における存在価値を高める「ピアノ講師のつながるプロジェクト」を展開。ピアノ講師ラボ会員限定で教室運営のコンサルティングも実施。5冊の「成功するピアノ教室」シリーズ（音楽之友社）のほか、2014年より「レッスン手帳」を、その他「ピアノレッスンアイデアBOOK」「ピアノ教室アイデアBOOK」（ヤマハミュージックメディア）を監修。毎朝4時に起き、日の出前に一仕事終わらせるのが日課。音楽関連書、ビジネス書など、年間300冊以上を読破、2児の父親でもあり、充実したプライベートと仕事の両立を実現している。

藤 拓弘　公式サイト

https://www.pianoconsul.com/

「ピアノ講師ラボ」サイト

http://www.pianolabo.com/

夢《ゆめ》をかなえたピアノ講師《こうし》　ゼロからの180日《にち》
物語《ものがたり》で学《まな》ぶ　指導者《しどうしゃ》としてどう生《い》きるか

二〇一八年　九月二五日　第一刷発行
二〇一八年十一月三十日　第二刷発行

著者　藤《とう》拓弘《たくひろ》
発行者　堀内久美雄
発行所　株式会社音楽之友社
東京都新宿区神楽坂六―三〇
電話　〇三（三二三五）二一一一（代）
振替　〇〇一七〇―四―一九六二五〇
郵便番号　一六二―八七一六
https://www.ongakunotomo.co.jp/

装丁　名久井直子
装画・挿画　ふすい
印刷　株式会社シナノパブリッシングプレス
製本　株式会社ブロケード

ISBN978-4-276-21155-1 C1073

藤 拓弘の本

成功する ピアノ教室
生徒が集まる７つの法則

四六判　並製　144 頁
定価（本体 1,600 円＋税）

ピアノを愛する先生が、ピアノを楽しむ生徒を増やし、実際にビジネスとして教室運営を成功させる実践的ノウハウが詰まった実用書。理解を助ける具体例や表も豊富です。

生徒が集まる「７つの法則」／教室運営「７つの実践テクニック」

「成功するピアノ教室」への
７つの ブランド戦略

四六判　並製　144 頁
定価（本体 1,600 円＋税）

生徒不足に悩む先生がまず取り組むべきは、「ブランド力」の強化。そのための方法を７つの戦略として伝授します。よくある「悩み」を解決する「処方箋」を記したコラム付き。

講師ブランド戦略／差別化戦略／価格戦略／インターネット戦略／体験レッスン戦略 ほか

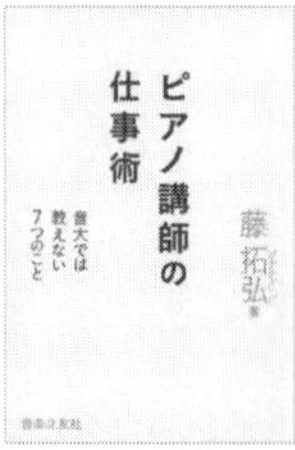

ピアノ講師の 仕事術
音大では教えない ７つのこと

四六判　並製　144 頁
定価（本体 1,600 円＋税）

理想のピアノ講師になるための生き方や理想のレッスン・ライフを実現するためのスキルを公開。教室の宣伝方法や税金問題など、現実的なアドバイスも満載です。

仕事術／時間術／マインド術／レッスン術／学び術／人脈術／目標達成術

ピアノ教室が 変わる
理想の生徒が集まる ７つのヒント

四六判　並製　144 頁
定価（本体 1,600 円＋税）

先生も生徒も教室も、さらに良い方向へと変化し続けることが大切。もし行き詰まりを感じたら、その度に手に取りたい１冊がコレ。『ピアノ教室防災マニュアル』付き。

教室が変わるヒント／生徒募集が変わるヒント／レッスンが変わるヒント／生徒が変わるヒント ほか

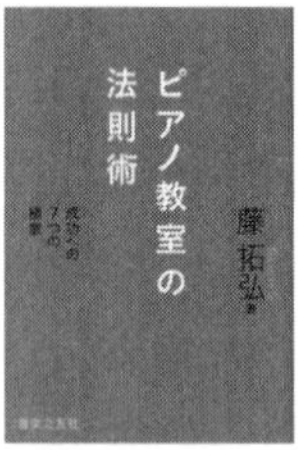

ピアノ教室の 法則術
成功への７つの極意

四六判　並製　144 頁
定価（本体 1,600 円＋税）

ピアノ教室を成功させるための極意を手取り足取り解説。繁盛教室が実践している具体的な取り組みの紹介、コラム〈ピアノ教室あるある〉など、充実の中身です。

生徒募集の法則／教室運営の法則／レッスンの法則／お金の法則／仕事の法則／目標達成の法則 ほか

株式会社 音楽之友社　〒162-8716 東京都新宿区神楽坂 6-30
TEL : 03-3235-2151(営業) https://www.ongakunotomo.co.jp/